Bußgeldkatalog

Verkehrsverstöße und ihre Folgen

Peter Lihs

Bibliografische Information der Deutschen Bibliothek
Die Deutsche Bibliothek verzeichnet diese Publikation in der Deutschen Nationalbibliografie; detaillierte bibliografische Daten sind im Internet über http://dnb.ddb.de abrufbar.

ISBN 3-448-06170-0
Bestell-Nr. 00813-0001

Postanschrift: Postfach, 82142 Planegg
Hausanschrift: Fraunhoferstraße 5, 82152 Planegg
Fon: (0 89) 8 95 17-0, Fax: (0 89) 8 95 17-2 50
E-Mail: online@haufe.de
Internet www.haufe.de
Lektorat: Kathrin Buck
Redaktion: Sylvia Rein

Umschlaggestaltung: Simone Kienle, par:two büro für visuelles, 70182 Stuttgart
Umschlagentwurf: Agentur Buttgereit & Heidenreich, 45721 Haltern am See
Druck: freiburger graphische betriebe, 79108 Freiburg

Zur Herstellung der Bücher wird nur alterungsbeständiges Papier verwendet.

TaschenGuides – alles, was Sie wissen müssen

Für alle, die wenig Zeit haben und erfahren wollen, worauf es ankommt. Für Einsteiger und für Profis, die ihre Kenntnisse rasch auffrischen wollen:

- Sie sparen Zeit und können das erworbene Wissen effizient umsetzen.
- Kompetente Autoren erklären jedes Thema aktuell, leicht verständlich und praxisnah.
- In der Gliederung finden Sie die wichtigsten Fragen und Probleme aus der Praxis.
- Das übersichtliche Layout ermöglicht es Ihnen, sich rasch zu orientieren.
- Schritt für Schritt-Anleitungen, Checklisten, Beispiele und hilfreiche Tipps bieten Ihnen das nötige Werkzeug für Ihre Arbeit.
- Als Schnelleinstieg in ein Thema ist der TaschenGuide die geeignete Arbeitsbasis für Gruppen in Organisationen und Betrieben.

Ihre Meinung interessiert uns! Mailen Sie einfach an die TaschenGuide-Redaktion unter online@haufe.de. Wir freuen uns auf Ihre Anregungen.

Inhalt

Vorwort

Zu schnell gefahren, zu wenig Abstand gehalten, bei Rot über die Ampel? Die meisten von uns verbringen immer mehr Zeit auf der Straße und selbst ein gewissenhafter Autofahrer kann dabei nicht ausschließen, dass er nicht doch einmal gegen die Verkehrsregeln verstößt und ihm dann ein Bußgeldbescheid ins Haus flattert.

Im voraus über die möglichen Folgen informiert zu sein, ist immer gut. Denn sehr schnell werden aus Unwissenheit Fehler gemacht, die im Hinblick auf Führerschein und Fahrerlaubnis weitreichende Konsequenzen bis hin zum Arbeitsplatzverlust haben können. Entscheidend ist aber auch, dass Sie sich *nach* Ihrem Verkehrsverstoß richtig verhalten. Der TaschenGuide hilft Ihnen dabei, Fehler ganz einfach zu vermeiden.

Sie erhalten zum einen den kompletten Bußgeldkatalog - auf dem aktuellen Stand vom 1. April 2004. Außerdem informiert Sie der TaschenGuide verständlich und anschaulich darüber, welche Rechte Sie als Betroffener eines Bußgeldverfahrens haben, wie das Verfahren abläuft, welche Rechtsfolgen sie erwarten, ob Ihr Führerschein in Gefahr ist oder wie Sie Ihr Punktekonto in Flensburg reduzieren können und wie Sie sich am besten bei Verkehrsverstößen im Ausland verhalten.

Gute Fahrt wünscht Ihnen

Rechtsanwalt Peter Lihs

So läuft das Verfahren ab

Sie haben's eilig, fahren zu schnell und schon blinkt das Blaulicht hinter Ihnen. Wer sich jetzt richtig verhält, kann Geld sparen. Was ist aber, wenn tatsächlich der Bußgeldbescheid ins Haus flattert? Wie ist ein Anhörungsbogen auszufüllen, was passiert bei Gericht und wann müssen Sie sogar mit einem Strafverfahren rechnen?

Was ist eigentlich ein Verkehrsverstoß?

Verstöße gegen die Straßenverkehrsordnung sind so genannte Ordnungswidrigkeiten. Sie können mit einem Bußgeld von 5 € bis zu 1000 € geahndet werden. Bei fahrlässiger Begehung bestimmter Verkehrsordnungswidrigkeiten ist die Höhe des Bußgeldes durch den bundeseinheitlichen Bußgeldkatalog geregelt. Jede Geldbuße von 40 € oder mehr zieht auch die Eintragung von Punkten nach dem Mehrfachtäter-Punktsystem im Verkehrszentralregister – die „Punkte in Flensburg" – nach sich. Darüber hinaus kann zusätzlich ein Fahrverbot von ein bis drei Monaten angeordnet werden.

Auch Verstöße, die nicht sofort als solche zu erkennen sind, können Bußgelder zur Folge haben. Verursachen Sie einen Verkehrsunfall ohne Personenschaden, haben Sie dabei auch noch gegen Verkehrsvorschriften verstoßen. Neben Ihrem eigenen Schaden müssen Sie daher gegebenenfalls auch noch ein Bußgeld bezahlen und bekommen Punkte, bei mehreren Voreintragungen eventuell sogar ein Fahrverbot.

Die Verwarnung

Die Verwaltungsbehörde und die ermittelnden Polizeibeamten haben bei geringfügigen Verstößen die Möglichkeit, eine kostenfreie mündliche oder eine kostenpflichtige Verwarnung (5 € bis 35 €) auszusprechen. Ordnungswidrigkeiten müssen – anders als Straftaten – nicht verfolgt werden. Ob überhaupt ein Verfahren eingeleitet wird, entscheidet die ermittelnde Behörde unter Berücksichtigung aller Begleitumstände.

Beispiel: Die Situation richtig einschätzen

Kann Bodo Blitz den Polizisten am Unfallort davon überzeugen, dass er zwar möglicherweise ein wenig zu weit in die Kreuzung eingefahren ist, der Unfallgegner jedoch mindestens 30 km/h zu schnell war, so dass er gar nicht mehr hatte reagieren können, kann die Polizei trotz der Tatsache, dass der Unfallgegner dies abstreitet, von der Einleitung eines Ordnungswidrigkeitenverfahrens absehen. Möglich ist in diesem Fall eine gebührenfreie mündliche oder eine gebührenpflichtige schriftliche Verwarnung.

Voraussetzung für eine Verwarnung ist, dass Sie sich damit einverstanden erklären und bei einer kostenpflichtigen Verwarnung den Verwarnungsbetrag innerhalb einer bestimmten Frist (in der Regel eine Woche) bezahlen. Die Zahlung selbst wirkt hierbei auch als Erklärung des Einverständnisses.

Bezahlen Sie rechtzeitig, kann wegen des Verstoßes kein Bußgeldbescheid mehr erlassen werden. Erfolgt die Zahlung hingegen nicht rechtzeitig, müssen Sie mit dem Erlass eines Bußgeldbescheides rechnen, der zusätzlich Verfahrenskosten (momentan 18,10 €) verursacht und bei dem das Bußgeld auch höher sein kann, als das ursprüngliche Verwarnungsgeld. Überlegen Sie daher gut, ob Sie eine Verwarnung nicht einfach akzeptieren, um weitere Kosten zu vermeiden. Nur wenn Sie sicher sind, dass Sie den Verkehrsverstoß nicht begangen haben, sollten Sie es auf einen Bußgeldbescheid ankommen lassen.

Ist die Frist zur Zahlung des Verwarnungsgeldes abgelaufen (z. B. wegen Urlaub, längerer Überlegungszeit oder verspäteter Anwaltskonsultation), besteht kein Rechtsanspruch darauf, nachträglich noch ins Verwarnungsverfahren zurückzukehren.

Das Verfahren vor der Verwaltungsbehörde

Je nach Bundesland ahnden in der Regel zentrale Bußgeldstellen als Verwaltungsbehörden entweder für das gesamte Bundesland oder auch nur für die jeweilige Stadt oder den Landkreis die Verkehrsordnungswidrigkeiten. Die Verkehrsverstöße werden zunächst von der Polizei aufgenommen und der Sachverhalt wird festgestellt. Dies kann auch auf einer Anzeige eines anderen Verkehrsteilnehmers beruhen.

Die Pflicht zur Anhörung

Die Polizei oder die Verwaltungsbehörde hat die Pflicht, Sie als so genannten Betroffenen zunächst zum Sachverhalt anzuhören. Dies kann sowohl schriftlich als auch mündlich erfolgen. Niemand ist verpflichtet, sich selbst oder einen Angehörigen einer Straftat oder einer Ordnungswidrigkeit zu bezichtigen. Hierüber müssen Sie und Ihre Angehörigen vorab informiert werden – doch gerade im Ordnungswidrigkeitenrecht erfolgt genau das oft nicht oder nicht hinreichend deutlich.

Über das Kennzeichen identifiziert

Häufig ist der Beginn eines Verfahrens eine so genannte Kennzeichenanzeige. Die Polizei erhält Kenntnis davon, dass der Fahrer eines bestimmten PKW einen Verkehrsverstoß begangen haben soll. Der Anzeigeerstatter kann den Fahrer zwar nicht beschreiben, er hat sich jedoch das Kennzeichen gemerkt.

Im fließenden Verkehr ist ein Verkehrsverstoß nur dem Fahrer des Fahrzeuges zur Tatzeit anzulasten. Die Ermittlungsbehörden müssen daher den Fahrer ausfindig machen. Vom Halter eines Fahrzeugs darf nicht automatisch auf den Fahrer rückgeschlossen werden.

Wer ist gefahren?

Zunächst kann also der Halter schriftlich oder mündlich als Zeuge kontaktiert und befragt werden, wer zum Tatzeitpunkt den Wagen gefahren hat (Fahrereigenschaft). Gibt der Halter an, er sei zwar gefahren, der Sachverhalt sei jedoch ganz anders gewesen, wird das Verfahren ab diesem Zeitpunkt gegen den Halter als Beschuldigten – in Bußgeldsachen dem so genannten Betroffenen – geführt. Nachdem die Verwaltungsbehörde den Sachverhalt und seine Einwendungen geprüft hat, muss er mit dem Erlass eines Bußgeldbescheides gegen sich rechnen. Ob die Verwaltungsbehörde bei der Abwägung einer Zeugenaussage gegen die Schilderung des Betroffenen letzterer den Vorzug gibt, ist oftmals nicht vorauszusehen.

Hätte der Halter von seinem Recht Gebrauch gemacht, keine Angaben zum Fahrer zu machen, da er sich ja selbst bezichtigen müsste, wäre das Verfahren daraufhin bereits folgenlos eingestellt worden.

Beispiel: Sich nicht vorschnell rechtfertigen

Bodo Blitz ist leidenschaftlicher Motorradfahrer. In seiner Freude über die ersten Sonnenstrahlen des Frühlings achtet er nicht auf seine Geschwindigkeit und wird „geblitzt". Es liegt nur ein Frontfoto eines Motorradfahrers vor, bei dem wegen der Spiegelung des Helmvisiers das Gesicht nicht zu erkennen ist. Gibt Bodo Blitz nun an, er wäre zwar an der Messstelle mit seinem Motorrad gewesen, es könne jedoch gar nicht sein, dass er zu schnell gewesen wäre, da er nie zu schnell fahre, hat er die Fahrereigenschaft bereits eingeräumt.

■ *Es ist oftmals ein nicht wieder gutzumachender Fehler, die Fahrereigenschaft zu schnell zuzugeben.* ■

Zur Erläuterung: Dieses Buch stellt keinen Leitfaden dar, wie man sich um Sanktionen aus dem Verkehrsrecht „drücken" kann. Es bestehen jedoch im deutschen Strafrecht und damit auch im Ordnungswidrigkeitenrecht Rechtsgrundsätze, die unabhängig vom Tatvorwurf Gültigkeit haben. Einer dieser Grundsätze ist der, dass niemand sich selbst oder einen Angehörigen belasten muss. Führt die Wahrung diese Grundsatzes dazu, dass ein Verfahren eingestellt werden muss, hat dies nicht Verwerfliches an sich. Jedem steht es frei, selbst zu entscheiden, ob er zu seiner Tat steht oder einen Angehörigen belastet. Die Frage der sittlichen Moral seines Handelns muss daher jeder mit sich selbst vereinbaren.

Der Anhörungsbogen – richtig reagieren

Der Halter eines Fahrzeuges erhält einen Anhörungsbogen als Zeuge

Oft wird zunächst dem Halter (ggf. bei Firmenfahrzeugen also dem Arbeitgeber des Fahrers) ein so genannter Anhörungsbogen übersandt. Das ist eine Aufforderung, als Zeuge schriftliche Angaben zu machen. Waren Sie nicht auch zugleich Fahrer des Fahrzeuges und steht Ihnen kein Recht auf Zeugnisverweigerung zu (weil der Fahrer kein Familienangehöriger war), müssen Sie grundsätzlich denjenigen angeben, dem Sie ihr Fahrzeug zum Tatzeitpunkt überlassen hatten.

Tun Sie dies nicht, z. B. um den Fahrer zu schützen, und geht der Anhörungsbogen Ihnen längstens zwei Wochen nach dem eigentlichen Verkehrsverstoß zu, kann zwar der Fahrer nicht mit einem Bußgeld belegt werden. Sie riskieren jedoch, dass Ihnen in der Folge die Fahrerlaubnisbehörde eine ebenfalls bußgeldbewehrte Fahrtenbuchauflage auferlegt. Bei einer Firma als Halter kann dies für den gesamten Fuhrpark erfolgen. Vorsicht also mit der pauschalen Angabe, Sie wüssten nicht mehr, wer das Fahrzeug gefahren hat!

Sie erhalten einen Anhörungsbogen als Betroffener

Sind Sie Betroffener eines Bußgeldverfahrens, so sind Sie nicht verpflichtet, Fahrereigenschaft oder Tat zuzugeben. Eine Pflicht zur Rücksendung des Anhörungsbogens besteht für Sie nur, wenn die dort aufgenommen „Pflichtangaben zur Person" fehlen oder falsch vorgetragen sind. Pflichtangaben im Anhörungsbogen sind:

- Vor-, Familien-, und Geburtsname
- Ort und Tag der Geburt
- Familienstand
- Beruf
- Adresse
- Staatsangehörigkeit

Auch in einem Anhörungsbogen sollten Sie nicht vorschnell die Fahrereigenschaft einräumen, wenn diese nicht zweifelsfrei feststeht.

In der Regel erfolgt eine Fahreridentifikation durch Vergleich mit dem Lichtbild aus der Personalausweiskartei, das die Ermittlungsbehörden anfordern können. Es können jedoch auch Ermittlungen vor Ort vorgenommen werden, indem die Polizisten mit dem Fahrerlichtbild an der Haustür erscheinen oder Nachbarn befragen.

Sie erhalten eine Ladung zur Polizei

Erhalten Sie eine Ladung zur Polizei, gelten die gleichen Grundsätze wie bei einer schriftlichen Anhörung. Es besteht keine Verpflichtung, einen Termin zur Beschuldigtenvernehmung bei der Polizei wahrzunehmen.

Vorsicht mit falschen Angaben

Gelegentlich hört man, jemand habe „die Punkte für einen anderen übernommen". Anders als bei einer strafrechtlichen Verfolgung erfüllt die Angabe eines namentlich benannten Dritten als Fahrer beim Vorwurf einer Ordnungswidrigkeit keinen eigenen Straftatbestand. Die Ermittlungsbehörden übernehmen diesen Vortrag jedoch selten ungeprüft. Stellt sich z. B. anhand des Fahrerlichtbildes heraus, dass der Dritte nicht der Fahrer gewesen sein kann, werden Sie vom Richter in einem Hauptverhandlungstermin kaum noch Entgegenkommen bei der zeitlichen Gestaltung eines Fahrverbotes oder der Bußgeldhöhe erwarten können.

Beispiel: Immer bei der Wahrheit bleiben

Bodo Blitz gibt im Anhörungsbogen an, dass nicht er, sondern seine Großmutter den PKW zur Tatzeit gefahren hat. Die ältere Dame fährt selbst nicht mehr Auto und könnte daher das Fahrverbot leicht ableisten, während Bodo seinen Führerschein dringend für die Arbeit braucht. Die Bußgeldstelle holt ein Lichtbild von Bodo Blitz und eines seiner Großmutter vom Einwohnermeldeamt ein oder befragt die Nachbarn, wer denn die Person auf dem Bild wäre. Bodo war hiernach offensichtlich selbst der Fahrer.

Bodo Blitz erhält nun einen Bußgeldbescheid und bräuchte zunächst aber mehr Zeit, um das Fahrverbot in die Urlaubszeit zu legen. Erfahrungsgemäß wird er nach seinem vorherigen „Kunstgriff" beim Gericht dann jedoch auf wenig Bereitschaft stoßen, ihm zeitlich entgegenzukommen.

Gleiches gilt auch für den Fall, dass Bodo versucht, durch die Vorlage von Unterlagen – wie Flugtickets oder Hotelbestätigungen – falsch zu belegen, dass er zum Tatzeitpunkt an einem ganz anderen Ort war, und dies im Nachhinein z. B.

durch ein Vergleichsgutachten eines Sachverständigen zwischen dem Blitzbild und Bodos Gesicht widerlegt wird.

Haben Sie fahrlässig oder vorsätzlich gehandelt?

Bei einer Verkehrsordnungswidrigkeit wird in der Regel zu Gunsten des Betroffenen bereits von fahrlässiger Begehung ausgegangen. Nur für diese Fälle gelten die Sätze des Bußgeldkataloges (welche das im Einzelnen sind, finden Sie ab Seite 78 ff.).

Fahrlässigkeit bedeutet, Sie haben die notwendige Sorgfalt missachtet und deshalb den Verstoß begangen. Dies kann etwa bei unbewusster Geschwindigkeitsüberschreitung, beim Übersehen eines Verkehrsschilds oder bei Nichtbeachten der Vorfahrt eines anderen Fahrzeuges der Fall sein.

Entschuldigungen im Anhörungsbogen oder bei der persönlichen Anhörung, wie z. B. „Ich habe das Schild übersehen" oder „Ich fahre seit 20 Jahren unfallfrei", sind deshalb wirkungslos. Andere Entschuldigungsversuche können sogar höchst gefährlich sein und zu einem deutlich höheren Bußgeld oder einem Fahrverbot führen, wenn sie auf vorsätzliche Begehung rückschließen lassen. Vorsätzlich bedeutet, dass Sie von Ihrem Verstoß wissen, ihn jedoch trotzdem begehen.

Beispiel: Vorsatz kann ungewollt eingestanden werden

Bodo Blitz wird auf einem Autobahnparkplatz von der Polizei angehalten und gefragt: „Sie wissen schon, warum wir Sie anhalten?" Antwortet er nun: „Ich war in Zeitdruck und hatte es eilig" oder „Ich sage meinem Chef schon seit Tagen, dass die Reifen abgefahren sind", so gibt er damit zu, dass er wusste, dass er einen Verkehrsverstoß begeht, er es aber gleichwohl nicht unterlassen hat.

■ *Für Fälle des Vorsatzes sind die Regelsätze des Bußgeldkataloges nicht mehr anwendbar. Bei einem vorsätzlichen Verkehrsverstoß werden die Regelsätze normalerweise mindestens verdoppelt oder sogar verdreifacht.* ■

Was ist Ihr Ziel?

Zunächst müssen Sie entscheiden, was das Ziel des Verfahrens sein soll. Das Verfahren kann generell mit einem Freispruch, einer Einstellung oder mit einer Verurteilung enden.

Freispruch, Einstellung oder Verurteilung

Sind Sie der Ansicht, den Verkehrsverstoß nicht begangen zu haben, kann das Ziel daher nur der Freispruch oder die Einstellung sein. Sind Sie nicht sicher, ob Sie einen Fehler gemacht haben und wie dieser rechtlich zu würdigen ist, muss zunächst der Sachverhalt überprüft werden, um abzusehen, ob Besonderheiten vorliegen, die ein Abweichen der Bußgeldhöhe nach unten rechtfertigen.

Ist der Verkehrsverstoß zwar gegeben, kann es gleichwohl Sinn machen, den Vorwurf zunächst nicht hinzunehmen, wenn durch den Zeitgewinn Voreintragungen im Verkehrszentralregister getilgt werden (siehe hierzu Seite 70 ff.) können oder ein eventuelles Fahrverbot in die Urlaubszeit verschoben werden kann, wo es leichter abzuleisten ist.

Wie können Sie überprüfen, was Ihnen zur Last gelegt wird?

Eine Überprüfung des Sachverhaltes ist für den Betroffenen nur sehr begrenzt möglich und beschränkt sich auf das Einsehen von Lichtbildern oder Videoaufnahmen. Bei Geschwindigkeits- oder Abstandsverstößen übersenden manche Bußgeldbehörden das Fahrerlichtbild auf Anforderung, wenn Sie angeben, zunächst überprüfen zu wollen, ob Sie selbst gefahren sind.

■ *Akteneinsicht können Sie selbst nicht beantragen, diese steht nur einem Rechtsanwalt zu.* ■

Wann ist es sinnvoll einen Rechtsanwalt zu beauftragen?

Akteneinsicht wird nur über einen Rechtsanwalt gewährt. Schon aus diesem Grund ist die möglichst frühzeitige Einschaltung eines Rechtsanwaltes sinnvoll. Hierdurch wird zudem vermieden, dass Sie aus Unwissenheit weitreichende und nicht wiedergutzumachende Fehler begehen, wie z. B. das Abgeben einer Stellungnahme, die auf einen vorsätzlichen Regelverstoß hinweist.

Der Rechtsanwalt wird zunächst die Verfahrensakten anfordern und deren Inhalt dann mit Ihnen besprechen. Erst dann kann entschieden werden, ob eine Stellungnahme abgegeben werden sollte oder nicht.

Wenn Sie einen Rechtsanwalt beauftragen wollen, sollten Sie vorab auch keine eigene Stellungnahme abgeben, sondern die Angelegenheit zunächst mit Ihrem Anwalt besprechen. Mit diesem können Sie dann auch das Ziel des Verfahrens und Ihre Chancen abklären (mehr hierzu finden Sie auf Seite 37 ff.).

In der Regel folgt der Bußgeldbescheid

Nur in sehr wenigen Fällen führen Einwendungen im Anhörungsverfahren zur Einstellung des Verfahrens. In der Regel folgt auf den Anhörungsbogen der Bußgeldbescheid, ob Sie sich nun selbst, über einen Rechtsanwalt oder überhaupt nicht geäußert haben.

Formal korrekt – der Bußgeldbescheid wird immer per Post zugestellt

Die Zustellung des Bußgeldbescheids erfolgt mit einer so genannten Postzustellungsurkunde. Der Postbote wirft den amtlichen Umschlag mit dem Bußgeldbescheid in Ihren Hausbriefkasten ein, nachdem er das Datum der Zustellung auf dem Umschlag und auf einer Urkunde vermerkt hat, die die Bußgeldbehörde zurückerhält. Den Zustellumschlag sollten Sie aufbewahren, er dokumentiert das Zustelldatum.

Gegen den Bußgeldbescheid Einspruch erheben

Sind Sie mit dem Bußgeldbescheid nicht einverstanden, können Sie dagegen Einspruch einlegen. Der Einspruch muss schriftlich und in deutscher Sprache innerhalb einer Frist von zwei Wochen ab der Zustellung des Bußgeldbescheides bei der Behörde eingehen. Die rechtzeitige Absendung genügt nicht! Sie sollten das Einspruchschreiben, falls möglich, sicherheitshalber vorab faxen und per Post im Original nachschicken (Muster für das Einspruchsschreiben, s. S. 121).

Ist der Einspruch immer sinnvoll?

Ein Einspruch ist natürlich nur sinnvoll, wenn damit auch ein bestimmtes Ziel verfolgt wird. Sind Sie sich sicher, den Verkehrsverstoß tatsächlich selbst begangen zu haben, sind Messfehler oder ein Mitverschulden anderer Verkehrsteilnehmer auszuschließen und rechtfertigt auch kein anderer Grund den Einspruch, z. B. Verzögerung eines Fahrverbotes, in Kürze eintretende Tilgungsreife von Voreintragungen, so sollte von einem Einspruch abgesehen werden.

Der Einspruch kann, er muss jedoch nicht begründet werden.

Ein Einspruch kann einen Zeitgewinn, z. B. beim Verschieben eines Fahrverbotes, aber auch einen Zeitverlust mit sich bringen, da die Tilgungsfrist für die Punkte im Verkehrszentralregister bei späterer Einspruchsrücknahme auch erst später beginnt (s. S. 70 ff.). Legen Sie keinen Einspruch ein, wird der Bußgeldbescheid zwei Wochen nach Zustellung rechtskräftig. Bußgeld und Verfahrenskosten sind zu bezahlen und die Sache ist damit abgeschlossen. Zu einem Gerichtstermin kommt es dann nicht mehr.

Was tun, wenn die Frist versäumt wurde?

Die vierzehntägige Einspruchsfrist läuft nicht erst, wenn Sie z. B. nach einer Urlaubs- oder Dienstreise den Bußgeldbescheid tatsächlich in die Hand bekommen, sondern unabhängig von Ihrer Kenntnis bereits ab dem Tag der Zustellung.

Bei unverschuldeter Fristversäumnis kann „Wiedereinsetzung in den vorigen Stand" beantragt werden. Die Frist hierfür beträgt eine Woche ab dem Zeitpunkt, an dem Sie die Fristversäumung erkannt haben oder hätten erkennen können. Mit dem Wiedereinsetzungsantrag müssen Sie gleichzeitig auch den Einspruch einlegen.

Wiedereinsetzung nur mit gutem Grund

Der Wiedereinsetzungsantrag muss begründet werden und die Tatsachen für die unverschuldete Fristversäumnis sind glaubhaft zu machen (z. B. durch eidesstattliche Versicherung eines Dritten - nicht von Ihnen - oder Vorlage von Unterlagen, wie z. B. Flugticket). Hatten Sie jedoch bereits Kenntnis von der Einleitung des Verfahrens gegen Sie (z. B. durch den Anhörungsbogen), verlangt die Rechtsprechung von Ihnen, dass Sie bei längerer Abwesenheit Vorkehrungen treffen und Ihr Briefkasten geleert und so die Einspruchsfrist durch einen Bevollmächtigten gewahrt wird. Tun Sie dies nicht, kann die Fristversäumung dann auch nicht mehr durch die Wiedereinsetzung geheilt werden. Der Bußgeldbescheid bleibt bestandskräftig und kann nicht mehr angegriffen werden.

Folgen des rechtzeitigen Einspruchs

Der rechtzeitige Einspruch verhindert die Bestands- oder Rechtskraft des Bußgeldbescheides. Zunächst muss also keine Zahlung geleistet werden, ein angeordnetes Fahrverbot wird nicht wirksam und es werden auch noch keine Punkte eingetragen.

Verschlechterung ist möglich, aber selten

Die Verwaltungsbehörde kann einen Bußgeldbescheid, gegen den Einspruch eingelegt wurde, auch aufheben und einen für Sie nachteiligeren, anderen Bußgeldbescheid erlassen. In der Regel ergibt sich jedoch – insbesondere bei Anwendung des Bußgeldkataloges – keine andere Sicht des Sachverhaltes als vor Erlass des ursprünglichen Bußgeldbescheides.

Die „sieben Todsünden" im Straßenverkehr

Bei bestimmten Vorwürfen im Straßenverkehr droht nicht nur der Erlass eines Bußgeldbescheides, sondern sogar die Einleitung eines Strafverfahrens. Bei den nachfolgenden Verstößen, die als besonders gefährlich gelten, kann daher nach Einspruch gegen einen Bußgeldbescheid durch die erneute Prüfung sogar die Gefahr strafrechtlicher Verfolgung drohen, wenn zusätzlich eine konkrete Gefährdung anderer hinzutritt. Dazu gehören

1. das Nichtbeachten der Vorfahrt,
2. falsches Überholen,

3 falsches Fahren an Fußgängerüberwegen,

4 zu schnelles Fahren an unübersichtlichen Stellen, Kreuzungen, Einmündungen und Bahnübergängen,

5 das Nichteinhalten der rechten Seite der Fahrbahn an unübersichtlichen Stellen,

6 die nicht ausreichende Kenntlichmachung von haltenden oder liegengebliebenen Fahrzeugen,

7 das Wenden, Rückwärtsfahren oder Fahren entgegen der Fahrtrichtung auf Kraftfahrtstrassen und der Versuch dazu.

In diesen Fällen Sie daher um so sorgfältiger erwägen, ob Sie gegen einen Bußgeldbescheid überhaupt Einspruch einlegen, da auch die Staatsanwaltschaft den Sachverhalt nach einem Einspruch erneut prüft. Kommt sie zu dem Ergebnis, dass an sich ein Strafverfahren hätte eingeleitet werden müssen, so kann sie dies nach Einspruch gegen den Bußgeldbescheid noch tun.

Vorsicht Falle – schon eingestellte Strafverfahren

Stellt die Staatsanwaltschaft ein gegen Sie gerichtetes Strafverfahren wegen einer Verkehrstraftat zunächst mangels öffentlichen Interesses, wegen fehlenden Strafantrags oder aus sonstigen Gründen ein, wird das Verfahren zur weiteren Verfolgung als Ordnungswidrigkeit an die Verwaltungsbehörde abgegeben. Legen Sie gegen den dann ergehenden Bußgeldbescheid Einspruch ein, so kann wieder ins Strafverfahren übergeleitet werden. Die Folge wäre dann nicht nur die Geldbuße nach dem Bußgeldkatalog, sondern die Verhängung einer Geldstrafe, gegebenenfalls in Höhe mehrerer Monatsgehälter.

Wenn es vor Gericht geht

Die Verwaltungsbehörde prüft den Sachverhalt noch einmal anhand einer eventuellen Einspruchsbegründung und gibt die Sache dann über die anzeigende Polizeidienststelle und die zuständige Staatsanwaltschaft an das Amtsgericht ab, das für den Tatort zuständig ist. Eine Verweisung an das Wohnortgericht ist nicht möglich.

Das Gericht überprüft den Sachverhalt nach Aktenlage und wird dann meist einen Gerichtstermin anberaumen, zu dem der Betroffene in der Regel persönlich zu erscheinen hat.

Entscheidung ohne Hauptverhandlung möglich

Das Gericht kann mit Ihrem Einverständnis auch schriftlich und ohne Hauptverhandlung entscheiden. In einer solchen Entscheidung darf nicht zu Ihrem Nachteil vom Bußgeldbescheid abgewichen werden. Sie haben jedoch dann nicht mehr die Möglichkeit, dem Gericht Ihre Sicht des Sachverhalts mündlich darzulegen. Eine Entscheidung im schriftlichen Verfahren bietet sich daher nur dann an, wenn bereits alle Argumente schriftlich vorgebracht sind und der Gerichtsort weit von Ihrem Wohnort entfernt liegt.

Der Gerichtstermin

Sie müssen selbst zu Gericht

Sie sind verpflichtet, den Gerichtstermin persönlich wahrzunehmen, selbst wenn Sie durch einen Rechtsanwalt vertreten werden. Erscheinen Sie ohne ausreichende Entschuldigung nicht, wird der Einspruch ohne weitere Prüfung verworfen. Nur dann, wenn Sie sich entweder bereits zur Sache geäußert haben, Sie erklärt haben, sich zur Sache nicht äußern zu wollen oder Ihre Anwesenheit zur Aufklärung des Sachverhalts nicht notwendig ist, können Sie auf Antrag Ihres Rechtsanwalts vom persönlichen Erscheinen entbunden werden.

Wenn Sie verhindert sind

Wenn Sie den Gerichtstermin nicht wahrnehmen können, sollten Sie möglichst frühzeitig einen Verlegungsantrag stellen, aus Gründen der Nachvollziehbarkeit schriftlich.

Nachdem Gerichtstermine Vorrang vor allen anderen Terminen haben, sollte der Verlegungsantrag gut begründet und gegebenenfalls auch mit schriftlichen Belegen ergänzt werden, z. B. Reisebuchung, Attest oder Seminarbescheinigung.

■ *Eine allgemeine Arbeitsunfähigkeitsbescheinigung reicht nicht aus. Im Krankheitsfall muss der Arzt vielmehr bestätigen, dass Sie den Gerichtstermin nicht wahrnehmen können.* ■

Zeugen frühzeitig benennen

Der Sachverhalt sollte in einem Hauptverhandlungstermin vollständig geklärt werden können. Eine Nachbenennung von Zeugen oder Nachreichung von Unterlagen ist meist nicht möglich. Sollen zum Gerichtstermin Zeugen geladen werden, müssen Sie diese unter Angabe des Vor- und Zunamens und der vollen Adresse frühzeitig schriftlich benennen. Sie müssen auch angeben, wozu die Zeugen aussagen sollen.

So läuft die Verhandlung ab

Der Richter hält Ihnen zunächst aus dem Bußgeldbescheid vor, was Ihnen zur Last gelegt wird. Sie müssen zum Vorwurf keine Angaben machen, können jedoch dann den Sachverhalt aus ihrer Sicht dem Gericht nicht nahe bringen. Meist ist es aus diesem Grunde besser, sich zu äußern.

Nach einer eventuellen Beweisaufnahme ergeht dann noch im Hauptverhandlungstermin die Entscheidung. Das Gericht kann Sie freisprechen, verurteilen oder das Verfahren einstellen.

Bei einer Verurteilung kann sowohl zu Ihren Gunsten als auch zu Ihren Lasten vom ursprünglichen Bußgeldbescheid abgewichen werden. Droht eine Verschlechterung des Bußgeldbescheides kann der Einspruch jederzeit vor Ausspruch des Urteils wieder zurückgenommen werden.

Wenn Sie den Einspruch zurücknehmen

War im Bußgeldbescheid ein Fahrverbot angeordnet, welches unmittelbar mit Rechtskraft des Bußgeldbescheides wirksam wird, weil in den letzten zwei Jahren vor Rechtskraft schon einmal ein Fahrverbot gegen Sie vollstreckt wurde, tritt das Fahrverbot sofort in Kraft, wenn Sie den Einspruch zurücknehmen (Muster s. S. 121).

Beispiel: Von der Abstandsunterschreitung zur Nötigung

Rudi Raser zieht gegen einen Bußgeldbescheid vor Gericht, in dem ihm zur Last gelegt wird, er habe auf der Autobahn den Mindestabstand unterschritten. Wegen eines Abstands von weniger als zwei Zehntel des halben Tachowertes wurde auch ein Fahrverbot von einem Monat angeordnet, das mit Rechtskraft der Entscheidung wirksam würde. Rudi fährt mit seinem Auto zum 100 km entfernten Gerichtsort. Im Termin sagt der Fahrer des Fahrzeuges vor Rudi – der ihn damals angezeigt hatte – aus, Rudi Raser wäre nicht nur so nah aufgefahren, sondern habe auch noch laufend die Lichthupe betätigt und links geblinkt. Der Richter rät dringend an, den Einspruch zurückzunehmen, da ansonsten eine Verfolgung wegen der Straftat der Nötigung in Betracht käme. Rudi kommt dem Rat des Richters nach und nimmt den Einspruch zurück. Nun darf er mit seinem PKW aber nicht einmal mehr nach Hause fahren. Das Fahrverbot ist mit Einspruchsrücknahme wirksam geworden. Rudi hätte diese Möglichkeit bei der Terminvorbereitung und der Anreise bedenken und vorsichtshalber einen Ersatzfahrer mitnehmen müssen.

Was bedeutet „Der Verurteilte trägt die Kosten des Verfahrens"?

Durch einen Hauptverhandlungstermin fallen neben den im Bußgeldbescheid bereits ausgewiesenen Verfahrenskosten weitere Kosten für Gericht, Zeugen oder Sachverständige an. Im Fall eines Freispruches oder einer Einstellung des Verfahrens trägt diese die Staatskasse. Werden Sie jedoch verurteilt – gegebenenfalls auch nur zu einer niedrigeren Geldbuße oder unter Wegfall eines Fahrverbotes – haben Sie diese Mehrkosten zu tragen, wenn Sie keine Rechtsschutzversicherung haben.

Können Sie gegen ein Urteil vorgehen ?

Gegen das erstinstanzliche Urteil können Sie Rechtsbeschwerde einlegen, wenn entweder eine Geldbuße von mehr als 250 € angeordnet wurde, wenn eine Nebenfolge (z. B. Fahrverbot) mit festgesetzt oder die Rechtsbeschwerde vom Erstgericht zugelassen wurde. Die Rechtsbeschwerde muss innerhalb einer Woche ab der Verkündung des mündlichen Urteils bei dem Gericht eingelegt werden, dessen Urteil angegriffen wird. Auch hier muss das Schreiben innerhalb der Frist bereits bei Gericht eingehen. Das rechtzeitige Absenden genügt nicht.

Die Rechtsbeschwerde führt jedoch nicht zu einer neuen Verhandlung oder zur nochmaligen Prüfung des eigentlichen Sachverhalts. Die Rechtsbeschwerde ist keine Berufung, sondern sie ist einer Revision gleichzustellen. Das bedeutet, das Rechtsbeschwerdegericht überprüft das erstinstanzliche Urteil nur auf Rechtsfehler, nicht mehr in Bezug auf den zugrunde liegenden Sachverhalt.

In der Rechtsbeschwerde kann daher nicht mehr vorgebracht werden, der Unfall habe sich anders ereignet, Sie seien gar nicht selbst gefahren, Sie wären gar nicht so schnell gewesen oder ein Zeuge habe gelogen. Auch für Beweisanträge und weitere Zeugen ist es in der Rechtsbeschwerde zu spät. Insoweit sollten Sie vorher prüfen, ob Ihr Ziel in der Rechtsbeschwerde überhaupt noch erreicht werden kann.

Die Rechtsbeschwerde können Sie zwar noch selbst einlegen, das Gesetz schreibt aber zwingend vor, dass sie von einem Rechtsanwalt spätestens einen Monat nach Zugang des vollständigen schriftlichen Urteils begründet wird. Nachdem diese Frist nicht verlängert werden kann und Ihr Rechtsanwalt zunächst noch Akteneinsicht nehmen muss, empfiehlt es sich, zeitnah zum Urteil umgehend einen Rechtsanwalt zu beauftragen.

Wann verjähren Ordnungswidrigkeiten?

Nur Ordnungswidrigkeiten nach dem Straßenverkehrsgesetz verjähren

- vor Erlass eines Bußgeldbescheides nach drei Monaten,
- nach Erlass eines Bußgeldbescheides nach sechs Monaten.

Anders ist dies bei Verstößen gegen die Vorschriften über Lenk- und Ruhezeiten für LKW-Fahrer, gegen die Promillegrenzen oder Drogenfreiheit im Straßenverkehr. Diese verjähren nicht vor Ablauf von 6 Monaten.

Diese kurze Verjährungsfrist wird jedoch durch nahezu jegliche Sachverhaltsermittlung der Bußgeldbehörde oder des Gerichts unterbrochen, z. B. durch die Versendung des Anhörungsbogens an den Täter oder eine Aufenthaltsermittlung, selbst wenn der Betroffene davon keine Kenntnis hat, z. B. wenn der Anhörungsbogen auf dem Postweg verloren geht. Dann beginnt die Verjährungsfrist von drei bzw. sechs Monaten wieder neu.

Maßnahmen, die jedoch nicht dem tatsächlichen Täter gegenüber ergriffen werden, unterbrechen diesem gegenüber die Verjährung nicht.

Beispiel: Amtsirrtümer zum eigenen Vorteil nutzen

Wird der Anhörungsbogen zunächst an den Arbeitgeber übersandt oder weist der Bußgeldbescheid den Sohn oder die Tochter als angeblichen Täter aus, wird die Verjährungsfrist gegenüber Bodo Blitz nicht unterbrochen. Nach Ablauf von drei Monaten ab der Tat ist diese ihm gegenüber verjährt und er kann deswegen nicht mehr belangt werden. Er kann dann im Gerichtsverfahren gegen seinen Sohn als Zeuge auftreten und wahrheitsgemäß angeben, nicht sein Sohn, sondern er sei gefahren.

Rechtsschutzversicherung und Rechtsanwalt – sinnvoll oder sogar nötig?

Als juristischer Laie haben Sie in der Regel keine Vorstellung davon, welche rechtlichen Möglichkeiten Sie zur Wahrung Ihrer Interessen haben. Ein kompetenter Rechtsanwalt kann hier eine große Hilfe sein, erst recht, wenn die anfallenden Kosten über die entsprechende Versicherung abgedeckt werden.

Was bringt eine Rechtsschutzversicherung?

Wer ist geschützt?

Haben Sie eine Rechtsschutzversicherung abgeschlossen, die den allgemeinen Familien-, Berufs und Verkehrsrechtsschutz beinhaltet, gilt der Versicherungsschutz für alle im Haushalt lebenden Familienmitglieder. Für Kinder gilt dies in der Regel jedoch nur, solange sie noch in Ausbildung sind und noch kein volles, eigenes Einkommen beziehen. Auch alle Fahrzeuge der Familie sind geschützt.

Beim Abschluss einer speziellen Verkehrsrechtsschutzversicherung deckt diese in der Regel nur die Verstöße, die mit dem oder den der Versicherung gemeldeten Fahrzeugen des Versicherungsnehmers begangen werden. Dies gilt unabhängig davon, wer das Fahrzeug gefahren hat. Wenn Sie Ihr Fahrzeug wechseln, sollten Sie dies Ihrer Verkehrsrechtschutzversicherung unbedingt mitteilen. Oft sind Sie auch als Fahrer fremder Fahrzeuge versichert.

Welche Kosten werden übernommen?

Im Ordnungswidrigkeitenverfahren

Haben Sie eine Rechtsschutzversicherung für den Bereich des Verkehrsrechtschutzes abgeschlossen, übernimmt diese bei einem Vorwurf aus dem so genannten fließenden Verkehr sämtliche Kosten der Rechtsverfolgung, jedoch nicht das Bußgeld selbst. Anders ist dies im ruhenden Verkehr. Nur bei Verträgen, denen ältere Rechtsschutzversicherungsbedingungen zugrunde liegen, sind auch Verstöße aus dem ruhenden Verkehr in vollem Umfang mitversichert. Sie sollten daher bei einem Halt- oder Parkverstoß zunächst mit Ihrer Rechtsschutzversicherung deren Eintrittspflicht abklären.

In der Regel entfällt jedoch im Nachhinein die Eintrittspflicht, wenn das Verfahren bei einem Verstoß im ruhenden Verkehr mit einer so genannten Halter-Kostenentscheidung abgeschlossen wird. Dem Halter eines Fahrzeuges werden hierbei die Verfahrenskosten – jedoch kein Bußgeld – auferlegt, wenn nicht ermittelt werden kann, wem der Halter sein Fahrzeug überlassen hatte. Hier ist Vorsicht geboten, wenn bereits durch die Einschaltung eines Rechtsanwalts Kosten angefallen sind, die das eigentliche „Knöllchen" bei weitem übersteigen.

Die Rechtsschutzversicherung übernimmt im fließenden Verkehr insbesondere:

- Rechtsanwaltskosten

  Bezahlt werden die gesetzlichen Gebühren nach der Bundesrechtsanwaltsgebührenordnung (ab 01.07.2004 dem Rechtsanwaltsvergütungsgesetz) sowohl für die vorgerichtliche Beauftragung, als auch für alle gerichtlichen Instanzen. Höhere Kosten aus Honorarvereinbarungen, die der Rechtsanwalt mit Ihnen abschließt, werden jedoch nicht übernommen.

Sie haben die freie Anwaltswahl, d.h. Sie können jeden zugelassenen Rechtsanwalt beauftragen und müssen sich nicht auf den Hausanwalt der Rechtsschutzversicherung verweisen lassen.

Die Rechtsschutzversicherung trägt jedoch stets nur die Kosten, die ein Anwalt am Gerichtsort verlangen dürfte. Oft ist es allerdings sinnvoll, seinen eigenen „Hausanwalt" oder einen empfohlenen Anwalt am Wohnort zu beauftragen, da dadurch die Kommunikation mit dem Anwalt einfacher zu führen ist. Sie sollten unter Kosten-, aber auch unter Vertrauensgesichtspunkten mit Ihrem Verteidiger abklären, ob zur Wahrnehmung des Gerichtstermins ein am Gerichtsort ansässiger Anwalt eingeschaltet werden soll oder ob Bereitschaft Ihres Hausanwalts zur Anreise mit entsprechenden Mehrkosten für Sie wegen erhöhten Fahrt- und Zeitaufwandes besteht.

Oft teilen die beteiligten Anwälte die von der Rechtschutzversicherung erstatteten Gebühren untereinander und machen Ihnen gegenüber keine Mehrkosten geltend. Dies ist jedoch Verhandlungssache, da eigentlich jeder der beteiligten Anwälte seinen vollen Gebührenanspruch Ihnen gegenüber hat.

- Gerichtskosten
  Die Rechtsschutzversicherung übernimmt sämtliche Gerichtskosten, Zustellauslagen, Kosten für Zeugen und gerichtlich bestellte Sachverständige. Hierzu gehören auch die Kosten für Alkohol- oder Drogenuntersuchungen zur Vorbereitung des Bußgeldbescheides oder der Anklage-

schrift. Diese Kosten werden nach Verfahrensabschluss durch Urteil oder Einspruchsrücknahme im Wege einer gesonderten Kostenrechnung aufgegeben. Um eine Vollstreckung zu vermeiden, sollten Sie die Kosten zunächst vollständig ausgleichen und die Rechnung dann zur Erstattung an Ihre Rechtsschutzversicherung weitergeben.

- Kosten vorgerichtlicher Sachverständigengutachten
  Eine relativ selten genutzte Möglichkeit stellt die vorgerichtliche Überprüfung einer Geschwindigkeitsmessung oder eines Abstandsverstoßes durch ein messtechnisches Gutachten dar. Auch für ein solches Gutachten ist die Rechtsschutzversicherung nach vorheriger Deckungszusage eintrittspflichtig. Auch hier sollten Sie die Frage nach dem Sinn eines Gutachtens jedoch zunächst mit Ihrem Rechtsanwalt abklären.

- Kosten des Bußgeldbescheids
  Auch die ursprünglich von der Bußgeldbehörde in den Bußgeldbescheid aufgenommenen Verfahrenskosten sind von der Rechtsschutzversicherung zu erstatten. Dies gilt selbst dann, wenn Sie sich entschlossen hatten, gegen den Bußgeldbescheid keinen Einspruch einzulegen und ihn ohne Einschaltung eines Anwalts zu akzeptieren.

Im Bußgeldrecht ist eine Rechtsschutzversicherung fast unabdingbar, wenn man sein Recht durchsetzen will. Bei überdurchschnittlich häufiger Inanspruchnahme des Rechtschutzversicherers hat dieser die Möglichkeit, den Versicherungsvertrag zu kündigen. Sie sollten daher den Versicherungsschutz nicht leichtfertig in Bagatellfällen oder offensichtlich aussichtslosen Verfahren riskieren.

Werden auch die Kosten aus einem Verkehrsstrafverfahren übernommen?

Auch für die Kosten eines Strafverfahrens aus dem Bereich des Verkehrsrechts ist eine Rechtschutzversicherung eintrittspflichtig. Der Versicherungsschutz entfällt jedoch rückwirkend, wenn rechtskräftig festgestellt wird, dass Sie einen Straftatbestand vorsätzlich begangen haben.

Beispiel: Kein Rechtsschutz bei Vorsatz

Rudi Raser soll sich unerlaubt vom Unfallort entfernt, also Unfallflucht begangen haben. Rudi sagt aus, er habe einen Zettel mit seinem Namen und seiner Adresse an dem beschädigten geparkten Fahrzeug zurückgelassen. Dieser Zettel wird jedoch nicht gefunden und Rudi hatte auch nicht zusätzlich die Polizei informiert. Wird Rudi Raser wegen Unfallflucht rechtskräftig verurteilt, obwohl er sich nicht schuldig fühlt, kann seine Rechtsschutzversicherung danach die bisher verauslagten Kosten (Anwaltskostenvorschüsse, Gutachterkosten etc.) wieder von ihm zurückverlangen. Unfallflucht ist ein Delikt, dass nur vorsätzlich begangen werden kann.

Wird gegen Rudi Raser jedoch wegen einer fahrlässigen Tat, wie z. B. fahrlässiger Körperverletzung nach einem Unfall mit Personenschaden, ermittelt und wird er deshalb rechtskräftig verurteilt, muss seine Rechtsschutzversicherung alle Kosten bezahlen, z. B. auch Kosten für eingeholte unfallanalytische Sachverständigengutachten.

- *Bei einem Unfall mit einem geparkten Fahrzeug reicht es niemals aus, lediglich einen Zettel am beschädigten Fahrzeug zu hinterlassen. Ist der Eigentümer nicht ermittelbar, muss in jedem Fall zusätzlich die Polizei informiert und der Unfall dort gemeldet werden.*

So finden Sie den richtigen Anwalt

Im Bereich des Verkehrsrechts gibt es (noch) keine Bezeichnung „Fachanwalt". Fachanwälte für Strafrecht sind selten schwerpunktmäßig auch im Verkehrsrecht und im Ordnungswidrigkeitenrecht tätig, so dass allein dieser Fachanwaltstitel keine Gewähr bietet, einen gerade im Verkehrsrecht kompetenten Rechtsanwalt zu finden.

Rechtsanwälte im Bereich Verkehrsrecht dürfen nur einen „Interessenschwerpunkt" Verkehrsrecht oder Ordnungswidrigkeitenrecht angeben. Sind sie länger als zwei Jahre zugelassen und überwiegend in diesem Bereich tätig, dürfen sie auch mit „Tätigkeitsschwerpunkt" Verkehrsrecht oder Ordnungswidrigkeitenrecht werben. Eine Aussage zur Qualifikation des Anwalts bieten beide jedoch nicht.

Ein wichtiges Kriterium für Ihre Anwaltswahl kann hingegen die Mundpropaganda sein, ansonsten kann Ihnen Ihre Rechtsschutzversicherung oder Ihr Automobilclub versierte Anwälte in Ihrer Nähe oder am Gerichtsort benennen.

Allgemeine Anwaltsverzeichnisse im Internet sind nur eingeschränkt zu empfehlen. Dort werden in der Regel nur Anwälte aufgenommen, die sich kostenpflichtig registrieren lassen, es handelt sich also lediglich um eine zulässige Werbemaßnahme.

Im deutschen Anwaltverein haben sich Anwälte in der „Arbeitsgemeinschaft Verkehrsrecht" zusammengeschlossen. Diese Anwälte sind in der Regel überwiegend im Bereich des Verkehrsrechts tätig und haben daher besondere Erfahrungen aufzuweisen. Im Internet können Sie unter www.verkehrsrecht.de unter den Anwälten der Arbeitsgemeinschaft einen passenden Anwalt suchen. Wer über keinen Internetanschluss verfügt, kann unter der bundesweit einheitlichen Rufnummer 0 18 05/18 18 05 (0,12 €/Min.) der „Deutschen Anwaltauskunft" direkt mit einem Mitglied der Arbeitsgemeinschaft Verkehrsrecht verbunden werden oder sich dessen Adresse und Rufnummern geben lassen.

Verkehrsverstöße und ihre Folgen

Ordnungswidrigkeiten wie Falschparken, Abstandsunterschreitungen oder ein überfahrenes Rotlicht werden mit Geldbußen und Fahrverbot geahndet. Bei Straftaten wie Alkohol am Steuer oder einem Unfall mit Verletzten können die Sanktionen deutlich härter ausfallen.

Die häufigsten Verstöße im Ordnungswidrigkeitenbereich

Zu schnell gefahren

Die häufigsten Zuwiderhandlungen gegen den Bußgeldkatalog stellen Geschwindigkeitsverstöße dar. Sie werden entweder durch eine Radar-, eine Lichtschranken-, eine Lasermessung oder aber durch Nachfahrt oder Videoaufnahme festgestellt.

Abhängig von der Art der angewandten Meßmethode hat der Verkehrsrechtsanwalt unterschiedlich gute Möglichkeiten, um eventuelle Messfehler zu überprüfen. Sofern eine Foto- oder Videodokumentation vorliegt, kann der Rechtsanwalt nach Akteneinsicht nicht nur klären, ob das Gerät entsprechend den Herstellervorschriften aufgestellt wurde und zum Messzeitpunkt ordnungsgemäß geeicht war, sondern auch ob Sie hinreichend deutlich als Fahrer zu erkennen sind und ob im Messbereich Fehlerquellen – wie z. B. andere Fahrzeuge – zu einer Fehlmessung geführt haben können.

Beispiel: Die Fakten genau untersuchen

Auf dem Blitzbild von Bodo Blitz ist nicht nur sein Fahrzeug zu sehen, sondern auch noch ein zweiter Wagen daneben. Der Rechtsanwalt von Bodo Blitz kann in diesem Fall prüfen, ob möglicherweise das andere Fahrzeug und nicht das von Bodo zu schnell war. Es muss nicht erwiesen sein, dass das andere Fahrzeug gemessen wurde, es ist bereits ausreichend, wenn zumindest nicht ausgeschlossen werden kann, das es nicht Bodos PKW war, der die Messung auslöste.

Soweit der Rechtsanwalt dies nicht ohne sachverständige Unterstützung beurteilen kann, so wird er gegebenenfalls schon vorgerichtlich einen Sachverständigen beiziehen.

Das kann schon deshalb notwendig sein, weil die Gerichte bei der Anwendung von so genannten standardisierten Messverfahren in der Regel davon ausgehen, dass der Messvorgang ordnungsgemäß abgelaufen ist. Ohne Benennung konkreter Anhaltspunkte für eine Fehlmessung müssen die Gerichte einem Beweisantrag auf Einholung eines Sachverständigengutachtens nicht nachgehen.

Beispiel: Keine Aussicht auf Erfolg

Es ist nicht ausreichend, wenn Bodo Blitz im Hauptverhandlungstermin vorträgt, er habe in einer Autofachzeitschrift gelesen, Messungen würden immer wieder einmal falsch durchgeführt und deshalb müsse auch seine konkrete Messung falsch sein. Er beantrage deshalb die Einholung eines messtechnischen Gutachtens.

Eine gutachterliche Überprüfung führt selten zu dem Ergebnis, dass die gesamte Messung nicht verwertbar ist. Durch ein messtechnisches Gutachten lassen sich nur in Ausnahmefällen gleich mehrere km/h reduzieren. Meist kann die tatsächlich gefahrene Geschwindigkeit – wenn überhaupt – nur um ein bis zwei km/h korrigiert werden.

Eine Überprüfung durch einen Sachverständigen bietet sich insbesondere dann an, wenn die vorgeworfene Geschwindigkeitsüberschreitung gerade unmittelbar an einem der Schwellenwerte (z. B. 26 km/h, 31 km/h, 41 km/h oder 51 km/h) liegt, dessen Überschreitung ein höheres Bußgeld oder ein Fahrverbot nach sich zieht.

Weitere Informationen hierzu finden Sie z. B. im Internet auf der Website der Gesellschaft für Unfall- und Schadensforschung unter www.gfu-ag.de.

Zu wenig Abstand

Abstandsmessungen werden meist durch Videoaufnahmen von Brücken herab oder aus nachfahrenden Autos heraus mit Videoaufzeichnung dokumentiert. Auch hier muss zunächst überprüft werden, ob Sie überhaupt als Fahrer des Fahrzeuges identifiziert werden können. Denn durch den Einstellwinkel der Kamera – insbesondere bei fest installierten Anlagen in Schilderbrücken – ist das Gesicht des Fahrers oftmals von der Sonnenblende oder dem Fahrzeugdach verdeckt. Durch eine Auswertung der Videoaufnahme kann zudem überprüft werden, ob das Fahrzeug vor Ihnen seine Geschwindigkeit innerhalb der Messstrecke reduziert und damit seinerseits den Abstand zu Ihnen verkürzt hat.

Bei Rot über die Ampel

Ein Rotlichtverstoß wird entweder durch eine stationäre Rotlichtüberwachungskamera oder durch einen Zeugen (Polizeibeamter oder auch Privatperson) dokumentiert.

Ab einer Rotlichtzeit von einer Sekunde wird in der Regel neben dem Bußgeld auch ein Fahrverbot von einem Monat angeordnet. Hier muss daher überprüft werden, ob messtechnisch oder anhand von Zeugenaussagen die Rotlichtzeit von mehr als einer Sekunde wiederlegt werden kann. Selbst wenn dies nicht der Fall ist, kann möglicherweise trotzdem vom Fahrverbot abgesehen werden, wenn eine Gefährdung anderer Verkehrsteilnehmer sicher auszuschließen ist.

Beispiel: Mildernde Umstände

Bodo Blitz fährt nachts um 1:30 Uhr aus Unachtsamkeit über eine reine Fußgängerampel, die bereits längere Zeit Rotlicht gezeigt hatte. Er wird hierbei von einem Polizisten, der im Fahrzeug hinter ihm fährt, beobachtet. Nach dem Bußgeldkatalog wird der Verstoß mit 125 €, einem Monat Fahrverbot und vier Punkten sanktioniert. Bodo legt gegen den Bußgeldbescheid Einspruch ein. Der Polizist sagt in der Hauptverhandlung aus, dass weit und breit keine Fußgänger oder sonstige Verkehrsteilnehmer zu sehen waren, die Bodo gefährdet haben könnte. Bodo könnte bei einem milden Richter jetzt möglicherweise damit rechnen, dass dieser vom Fahrverbot absieht. Einen Freispruch erhält Bodo jedoch nicht. Er muss in jedem Fall ein Bußgeld bezahlen und bekommt die Punkte, denn er hat den Verstoß ja begangen.

Falsch gehalten und geparkt

Finden Sie an Ihrem Fahrzeug ein „Knöllchen" vor, wird es sich selten lohnen, dagegen vor zu gehen. Erfahrungsgemäß übersteigen die Kosten und der Aufwand das Verwarnungsgeld bei weitem.

Angesichts der Tatsache, dass Sie bei Abschluss des Verfahrens mit einer Halter-Kostenentscheidung (siehe hierzu auch S. 33) verauslagte Kosten an Ihre Rechtsschutzversicherung wieder zurückzahlen müssen, dürfte es sich in den allermeisten Fällen schon aus wirtschaftlichen Gründen empfehlen, gegen die Ahndung von Halt- und Parkverstößen nicht vorzugehen.

Beispiel: Teure Einstellung

Bodo Blitz erhält ein „Knöllchen" wegen Parken im eingeschränkten Halteverbot über 15 €. Er geht zum Anwalt, der in einem umfassenden Schriftsatz vorträgt, Bodo habe gar nicht geparkt, er habe nur gehalten, ein- und ausgeladen und sei stets in der Nähe seines Fahrzeugs gewesen. Der Sachbearbeiter der Verwaltungsbehörde prüft den Sachverhalt und geht davon aus (ohne dies Bodo so mitzuteilen), Bodo müsse sich im Tag geirrt haben, da der Parküberwacher ja hätte sehen müssen, wenn Bodo tatsächlich ein- und ausgeladen hätte. Er stellt das Verfahren dann mit Halter-Kostenentscheidung ein. Bodo erhält als Halter des PKW „nur" die Verfahrenskosten auferlegt, die er als Halter auch tragen muss. Die Rechtsschutzversicherung verlangt in der Folge dann jedoch die an den Rechtsanwalt geleisteten Vorschüsse von Bodo zurück.

Geringe Chancen bei Einspruch

Auch in der Sache selbst macht es meist wenig Sinn gegen einen „Strafzettel" wegen Falschparkens vorzugehen. Solange keine Rettungsfahrzeuge behindert werden, liegt das Bußgeld nahezu immer unter der Eintragungsgrenze von 40 €, d.h. Punkte sind damit nicht verbunden.

Geht man gegen einen solchen Strafzettel vor, kommt es immer zu einer Hauptverhandlung vor Gericht, verbunden mit der Notwendigkeit des persönlichen Erscheinens. Hier muss jeder selbst entscheiden, ob ihm ein Bußgeld von 15 € diesen zeitlichen Aufwand wert ist.

Meist glauben die Gerichte zudem auch der Schilderung der Parküberwacher, da diese – anders als der Betroffene – kein Interesse am Ausgang des Verfahrens haben sollen. Einsprüche gegen Halt- und Parkverstöße enden daher meist mit der Einspruchsrücknahme.

Das erwartet Sie: Geldbuße und Fahrverbot

Die Geldbuße

Die Sanktion einer Ordnungswidrigkeit ist immer eine Geldbuße, gegebenenfalls auch Punkte (mehr dazu ab S. 67 ff.). Ihre Höhe der Geldbuße ist bei Verkehrsordnungswidrigkeiten im Bußgeldkatalog geregelt. Bei vorsätzlichem Handeln, bei außergewöhnlichen Tatumständen oder bei Voreintragungen im Verkehrszentralregister kann davon jedoch abgewichen werden.

Das Fahrverbot

Das Fahrverbot ist wohl die einschneidendste Folge einer Ordnungswidrigkeitenentscheidung. Es soll als Besinnungsmaßnahme und Denkzettel dienen, damit der Kraftfahrer in Zukunft weitere Verkehrsverstöße unterlässt.

Wann wird ein Fahrverbot verhängt?

Bei bestimmten Ordnungswidrigkeiten wird bereits für Ersttäter als Regelfolge ein Fahrverbot verhängt. Dies betrifft solche Verstöße, die für andere Verkehrsteilnehmer besonders gefährlich sein können. Dazu gehören:

- Geschwindigkeitsüberschreitungen innerhalb geschlossener Ortschaften von mindestens 31 km/h oder außerhalb geschlossener Ortschaften von mindestens 41 km/h

- Abstandsunterschreitungen von weniger als zwei Zehntel des halben Tachowertes
- Rotlichtverstoß bei bereits mehr als einer Sekunde Rotlicht oder bei Gefährdung bzw. Schädigung anderer
- Überholen bei unklarer Verkehrslage oder mit Gefährdung anderer
- Rückwärtsfahren oder entgegen der Fahrtrichtung fahren auf Autobahnen oder Kraftfahrtstrassen
- Verstöße gegen Alkohol- und Drogenfreiheit im Straßenverkehr

Keine Ausnahme ohne Regel: Liegen wichtige Gründe vor, vom Regelfahrverbot abzusehen, kann das Gericht dies tun. Hier besteht jedoch erhöhter Begründungsaufwand.

Neben dem so genannten Regelfahrverbot kann jedoch auch ein Fahrverbot angeordnet werden, wenn ein Kraftfahrer grob oder beharrlich gegen Verkehrsvorschriften verstößt. Dies trifft z. B. zu, wenn durch das Missachten eines Stop-Schildes ein Unfall verursacht wird oder wenn trotz mehrerer Voreintragungen im Verkehrszentralregister eine erneute Ordnungswidrigkeit begangen wird.

Beispiel: Wiederholungstäter haben's schwerer

Bodo Blitz hat bereits mehrere Punkte in Flensburg angesammelt. So kann schon ein einmaliger Geschwindigkeitsverstoß von 21 km/h oder eine Abstandsunterschreitung von weniger als fünf Zehntel des halben Tachowertes zu einem Fahrverbot führen. Das sind Verstöße, die bei einem Ersttäter nur ein geringes Bußgeld nach sich gezogen hätten.

Sonderfall: zweimal 26 km/h zu schnell

Eine Sonderregelung besteht für Geschwindigkeitsverstöße von mindestens 26 km/h. Begehen Sie einen zweiten Geschwindigkeitsverstoß von mindestens 26 km/h innerhalb eines Jahres ab Rechtskraft des ersten Verstoßes von mindestens 26 km/h, so wird auch dann ein einmonatiges Fahrverbot angeordnet. Achtung: Hier entscheidet ausnahmsweise nicht die Rechtskraft, sondern der Tatzeitpunkt der zweiten Entscheidung. Die Verzögerung der Rechtskraft der zweiten Entscheidung kann daher hier nicht helfen. Bis zur Tilgungsreife der Voreintragung kann das neue Verfahren in der Regel auch nicht hingezogen werden.

Wie lange kann ein Fahrverbot angeordnet werden?

Das Fahrverbot kann für die Dauer von einem bis zu drei Monaten angeordnet werden. Die Monate sind keine ganzen Kalendermonate, sondern werden stets ab Antritt des Fahrverbotes gerechnet. Beginnt ein einmonatiges Fahrverbot also am 12. eines Monats endet es am 11. des Folgemonats um 24 Uhr.

Gegebenenfalls kann durch gezielten Antritt des Fahrverbotes – beispielsweise in der Urlaubszeit – die persönliche Einschränkung etwas gemindert werden.

Wann muss das Fahrverbot angetreten werden?

Das Fahrverbot ist normalerweise unmittelbar mit Rechtskraft der Entscheidung anzutreten. Das bedeutet, dass der

Führerschein sofort nach Rechtskraft in amtliche Verwahrung zu geben ist.

Eine Ausnahme besteht bei Ordnungswidrigkeitenentscheidungen dann, wenn gegen Sie innerhalb der letzten zwei Jahre noch kein Fahrverbot vollstreckt wurde. Sie haben dann die Möglichkeit, Ihren Führerschein innerhalb einer Frist von vier Monaten ab Rechtskraft in amtliche Verwahrung zu geben (so genanntes „privilegiertes Fahrverbot"). Tun Sie dies nicht, wird das Fahrverbot gleichwohl nach Ablauf der Frist von vier Monaten wirksam, d.h. Sie dürfen kein Kraftfahrzeug mehr im öffentlichen Straßenverkehr führen. Die Verbotsfrist beginnt jedoch erst, wenn Ihr Führerschein in amtliche Verwahrung gelangt.

Achten Sie auf die 4-Monats-Frist

Prüfen Sie den Bußgeldbescheid immer dahingehend, ob Ihnen die 4-Monats-Frist gewährt wurde und ob sie Ihnen zusteht. Soweit keine andere Regelung vorliegt, wird das Fahrverbot mit Rechtskraft der Entscheidung wirksam und Sie müssen Ihren Führerschein unverzüglich abgeben. Fehlt die Frist, obwohl Sie Ihnen hätte eingeräumt werden müssen, muss der Bußgeldbescheid im Einspruchsverfahren berichtigt werden.

Kommt innerhalb dieser vier Monate ein weiteres Fahrverbot rechtskräftig hinzu, werden die Fristen addiert und unmittelbar nacheinander vollstreckt. Ihren Führerschein erhalten Sie dann erst nach Ablauf beider Fahrverbote zurück.

Zwei Fahrverbote, für die jeweils die 4-Monats-Frist nicht gilt, können jedoch auch weiterhin gleichzeitig vollstreckt werden. Deren Dauer wird also nicht addiert. Es muss jedoch gleichzeitig die Rechtskraft herbeigeführt werden (z. B. durch Einspruchsrücknahme am selben Tag) und die Führerscheinabgabe muss beiden Bußgeldbehörden mitgeteilt werden.

Wohin mit dem Führerschein?

Für die Dauer der Verbotsfrist ist Ihr Führerschein amtlich zu verwahren. Der Führerschein muss in der Regel an die Bußgeldbehörde, die zuständige Polizeiinspektion oder das Gericht übersandt oder dort abgegeben werden. Prüfen Sie anhand der Belehrung auf dem Bußgeldbescheid oder dem Urteil, wohin Sie Ihren Führerschein bringen müssen. Es empfiehlt sich, den Führerschein auf dem Postweg zu Nachweiszwecken immer nur mit Einschreiben/Rückschein zu versenden.

Können Sie Ihren Führerschein persönlich abgeben und läuft die Verbotsfrist wegen der 4-Monats-Frist erst mit Abgabe, können Sie ihn auch erst am Nachmittag (bei der Behörde) oder sogar erst in den Abendstunden (bei der Polizei) abgeben. Bis zur Führerscheinabgabe dürfen Sie dann noch fahren, aber nicht mehr von der Behörde bzw. Polizei nach Hause. Der Tag der Abgabe zählt bereits als erster Tag des Fahrverbots.

Wie bekomme ich den Führerschein zurück?

Rechtzeitig vor Ablauf des Fahrverbotes bekommen Sie Ihren Führerschein auf dem Postweg zurückgesandt oder Sie können ihn wieder persönlich abholen. Auf dem Anschreiben ist vermerkt, wann die Verbotsfrist endet und ab wann Sie wieder Kraftfahrzeuge im öffentlichen Straßenverkehr führen dürfen. Entscheidend ist also nicht, wann Sie Ihren Führerschein wieder in der Hand haben.

Kann gegen einen Berufskraftfahrer ein Fahrverbot verhängt werden?

Das Fahrverbot soll erzieherisch auf den Kraftfahrer einwirken. Der „Sonntagsfahrer" ist daher in Bezug auf das Fahrverbot nicht anders zu behandeln als der Berufskraftfahrer. Das Argument der Gerichte: Derjenige, der beruflich zwingend auf seinen Führerschein angewiesen ist, muss um so mehr darauf achten, dass er keinen Verkehrsverstoß begeht.

Nur wenn durch die Verhängung des Fahrverbotes der Ausspruch einer Kündigung zu befürchten ist oder konkret die Existenzvernichtung droht, können die Gerichte unter Umständen ein Einsehen haben und ausnahmsweise vom Fahrverbot absehen.

Beispiele: Seltene Ausnahmefälle

Bodo Blitz ist selbstständiger Handelsvertreter. Er hat große und schwere Muster zu transportieren, die er seinen Kunden vorstellen muss. Aufgrund der schlechten Auftragslage kann er auch für kurze Zeit keinen Aushilfsfahrer einstellen. Urlaub kann er sich nicht erlauben, seine Kunden würden nachweisbar auf andere Anbieter zurückgreifen, wenn er sie über einen Monat hinweg nicht besuchen könnte.

Franz Frisch ist selbstständiger Installateur. Im 24h-Notruf seines Betriebes, den er wegen der Bindung an seine Großkunden durchführen muss, hat er auf Abruf nicht planbare Notfalleinsätze zu fahren. Auch er würde nachweisbar seine Existenz gefährden, wenn er ein Fahrverbot ableisten müsste.

Dass der Grundsatz der Verhältnismäßigkeit in diesen Sonderfällen die Absetzung oder Verkürzung des Fahrverbotes gebietet, muss dem Gericht jedoch sorgfältig dargelegt und auch bewiesen werden, z. B. durch Bestätigungen der Auftraggeber, eines Steuerberaters, des Arbeitgebers. Die Anforderungen an die Begründung sind bei einem Regelfahrverbot auch höher als bei einem Fahrverbot wegen grober oder beharrlicher Zuwiderhandlung.

Nicht ausreichend ist es, wenn Ihnen durch das Fahrverbot nur Unannehmlichkeiten und keine gravierenden beruflichen oder wirtschaftlichen Schwierigkeiten entstehen.

Beispiel: Unbequemlichkeiten müssen hingenommen werden
Rudi Raser muss für die Zeit des Fahrverbotes um 5:00 Uhr aufstehen und nicht erst um 6:30 Uhr, wenn er mit öffentlichen Verkehrsmitteln rechtzeitig in der Arbeit sein will.

Lässt sich das Fahrverbot durch eine höhere Geldbuße vermeiden?

Es würde dem Grundsatz der Gleichbehandlung und der Denkzettelfunktion zuwiderlaufen, wenn das Fahrverbot einfach durch eine höhere Geldbuße „abgezahlt" werden könnte. Die Gerichte lassen dies daher nicht zu.

Wenn jedoch besondere Gründe vorliegen, ausnahmsweise noch einmal von einem Fahrverbot abzusehen, wird das Gericht im Gegenzug jedoch die Geldbuße anheben, damit die Sanktion spürbar bleibt. In der Regel wird die Geldbuße jedoch nur geringfügig aufgestockt oder maximal verdoppelt, was bei der beruflichen Notwendigkeit ein Kraftfahrzeug zu nutzen, zu verschmerzen ist.

Was bewirkt das Fahrverbot?

Während der Dauer eines Fahrverbotes dürfen Sie im öffentlichen Straßenverkehr keinerlei motorisierte Kraftfahrzeuge fahren, also nicht einmal ein Mofa . Das Fahrverbot geht also einen Schritt weiter als ein Fahrerlaubnisentzug, da dort zumindest noch führerscheinfreie Kraftfahrzeuge genutzt werden können. Ausnahmen vom Fahrverbot sind nicht möglich. So kann es einem Berufskraftfahrer nicht gestattet werden, trotz Fahrverbots seinen LKW oder bestimmte Strecken zu fahren.

Was passiert, wenn Sie trotzdem fahren?

Fahren Sie trotz eines laufenden Fahrverbotes gleichwohl ein Kraftfahrzeug im öffentlichen Straßenverkehr, machen Sie sich der Straftat des Fahrens ohne Fahrerlaubnis bzw. Fahrens trotz Fahrverbotes schuldig. Die Folgen sind dann

- eine weitere erhebliche Geldstrafe,
- ein erneutes Fahrverbot sowie
- sechs Punkte in Flensburg.

Strafanzeigen wegen Fahrens trotz Fahrverbots resultieren nicht nur aus Routinekontrollen, sondern auch aus Unfallaufnahmen – unabhängig von der Unfallverursachung der Beteiligten – oder aus Ermittlungen nach Geschwindigkeits- oder Abstandsverstößen. Bei der Ermittlung des Fahrers eines gemessenen Fahrzeuges wird regelmäßig auch dessen Fahrberechtigung überprüft.

Die häufigsten Verkehrsstraftaten

Im Ordnungswidrigkeitenverfahren drohen als Sanktion „nur" eine Geldbuße und ein Fahrverbot sowie gegebenenfalls Punkte in Flensburg.

Im Verfahren wegen einer Straftat im Verkehr ist dies anders. Hier werden als Sanktion Geldstrafen von bis zu mehreren Monatsgehältern, Bewährungsstrafen und bei folgenschweren Verstößen oder wiederholter Straffälligkeit sogar Freiheitsstrafen ohne Bewährung verhängt. Darüber hinaus kann die Fahrerlaubnis entzogen werden, wenn sich der Täter durch die Tat als ungeeignet zum Führen von Kraftfahrzeugen erwiesen hat, in bestimmten Fällen sogar schon vorläufig unmittelbar nach der Tat. Es wird dann eine Sperrfrist für die Wiedererteilung von mindestens sechs Monaten angeordnet.

Die häufigsten Delikte stellen dar:

- Fahrlässige Körperverletzung im Verkehr, § 229 StGB (Unfall mit Personenschaden)
- Trunkenheit im Verkehr, § 316 StGB (Fahren unter Alkoholeinfluss)
- Straßenverkehrsgefährdung, § 315 c StGB (Verursachung eines Verkehrsunfalls unter Einfluss von Alkohol oder Drogen)

- Nötigung, § 240 StGB („Drängeln")
- Fahren ohne Fahrerlaubnis bzw. trotz Fahrverbots, § 21 StVG
- Unerlaubtes Entfernen vom Unfallort, § 142 StGB (Unfallflucht)

So läuft das Verkehrsstrafverfahren ab

Die Verfahrenseinleitung beginnt ähnlich wie im Ordnungswidrigkeitenverfahren mir der Anzeige durch die Polizei oder einen Dritten.

Angesichts der drohenden Strafen ist es hier um so wichtiger, sich nicht selbst zu beschuldigen und die Fahrereigenschaft nicht vorschnell zuzugeben. Warten Sie den Gang des Verfahrens nicht passiv ab, sondern beauftragen Sie möglichst frühzeitig einen erfahrenen Verkehrsrechtsanwalt, damit dieser schon im Ermittlungsverfahren den Tatvorwurf prüfen und von den Verteidigungsmöglichkeiten Gebrauch machen kann (siehe hierzu auch Seite 43ff.).

Der Gang zum Gericht muss nicht sein

Ein Strafverfahren wird von der Staatsanwaltschaft geführt. Die Polizei ermittelt für diese den Sachverhalt. Das staatsanwaltschaftliche Ermittlungsverfahren kann entweder durch eine Einstellung (ggf. auch unter Geldauflage), einen so genannten „Strafbefehl" oder eine Anklageschrift abgeschlossen werden. Ein Strafbefehl ist ein gerichtliches Schreiben, das den Ihnen zur Last gelegten Sachverhalt, dessen rechtliche Bewertung und bereits eine konkrete

Strafe enthält. Akzeptieren Sie diesen Strafbefehl und legen Sie innerhalb der Frist von zwei Wochen ab Zustellung keinen Einspruch ein, so wirkt der Strafbefehl wie ein Urteil, jedoch ohne Gerichtsverhandlung. Nur nach Einspruch gegen den Strafbefehl oder nach Anklageerhebung kommt es zu einem Hauptverhandlungstermin vor dem zuständigen Gericht.

Achtung: Auch hier muss der schriftliche Einspruch innerhalb der Frist von zwei Wochen bei Gericht eingehen. Allein die rechtzeitige Absendung genügt nicht.

Bis zum Verhandlungstermin kann der Einspruch jederzeit zurückgenommen werden. Danach ist hierzu die Zustimmung der Staatsanwaltschaft nötig, die in Strafsachen – anders als in Ordnungswidrigkeiten – immer an der Hauptverhandlung teilnimmt.

Wenn es zum Gerichtstermin kommt

Vor Gericht kann das Verfahren ebenfalls mit Einstellung oder einem Urteil abgeschlossen werden. Das Urteil kann auch zu Ihren Lasten von einem vorher erlassenen Strafbefehl abweichen. Nur bei einem Freispruch erhalten Sie auch Ihre Anwaltskosten ersetzt, bei einer Einstellung oder einem belastenden Urteil müssen Sie Ihre Kosten selbst tragen, wenn Sie keine Rechtsschutzversicherung haben (zum Thema Rechtsschutz siehe Seite 36ff.).

In Strafsachen kann gegen das Urteil innerhalb einer Frist von einer Woche ab Verkündung das Rechtsmittel der Berufung eingelegt werden. Anders als im Ordnungswidrigkeitenverfahren wird hierdurch die Angelegenheit erneut vom Berufungsgericht in vollem Umfang geprüft.

Damit müssen Sie rechnen

Die Rechtsfolgen im Strafurteil hängen im Wesentlichen von den Tatumständen, dem Grad des Verschuldens, den Tatfolgen und eventuellen Vorbelastungen im Verkehrs- oder im Bundeszentralregister ab. Als Ersttäter müssen Sie in der Regel bei einem Durchschnittsfall mindestens mit folgenden Strafen rechnen:

- Fahrlässige Körperverletzung § 229 StGB: Geldstrafe von einem halben bis drei Monatsgehältern, bei grobem Fehlverhalten Fahrverbot, bei besonders grobem Verschulden oder besonders schweren Folgen Fahrerlaubnisentzug und -sperre möglich.
- Fahrlässige Trunkenheit im Verkehr § 316 StGB: Geldstrafe von ein bis zwei Monatsgehältern, bis 1,59 Promille Fahrerlaubnisentzug und -sperre sechs bis neun Monate; ab 1,6 Promille zehn bis zwölf Monate.
- Fahrlässige Straßenverkehrsgefährdung § 315 c StGB: Geldstrafe von eineinhalb bis drei Monatsgehältern oder bei besonders schwerem Personenschaden Freiheitsstrafe, meist auf Bewährung, bis 1,59 Promille Fahrerlaubnisentzug und -sperre 9 bis 15 Monate; ab 1,6 Promille ab 16 Monaten.

- Nötigung im Straßenverkehr § 240 StGB: Geldstrafe von ein bis zwei Monatsgehältern, in der Regel Fahrverbot, ausnahmsweise Fahrerlaubnisentzug und –sperre.
- Fahren ohne Fahrerlaubnis oder trotz Fahrverbots § 21 StVG: Geldstrafe von einem halben bis eineinhalb Monatsgehältern, in der Regel Fahrverbot.
- Unerlaubtes Entfernen vom Unfallort § 142 StGB: Geldstrafe von ein bis zwei Monatsgehältern, abhängig von der Höhe des Fremdschadens gestaffelt, ein bis drei Monate Fahrverbot oder sechs bis acht Monate Fahrerlaubnisentzug und -sperre.
- Beleidigung im Straßenverkehr § 185 StGB: Geldstrafe bis einem halben bis eineinhalb Monatsgehältern, gegebenenfalls Fahrverbot.
- Fahrlässige Tötung § 222 StGB (ohne Alkohol): Geldstrafe von zwei bis fünf Monatsgehältern, gegebenenfalls Freiheitsstrafe mit Bewährung, Fahrverbot, oder Fahrerlaubnisentzug bei grobem Verschulden.

Die hier aufgeführten Straftatbestände geben nicht abschließend alle Straftaten im Verkehr wieder. Die Strafen und Nebenfolgen selbst können – abhängig vom Gerichtsbezirk – im Einzelfall sowohl höher als auch niedriger festgesetzt werden. Entscheidend sind die Strafrahmen des Gesetzes. Die dargestellten Rechtsfolgen können nur als grobe Orientierung dienen.

Die Berechnung der Geldstrafe

Eine Geldstrafe setzt sich aus Tagessatzanzahl und Tagessatzhöhe zusammen. Um eine Gleichbehandlung zu gewährleisten, entspricht ein Tagessatz einem Dreißigstel des monatlichen Nettoeinkommens. Für eine gleichwertige Tat wird dann die selbe Anzahl an Tagessätzen als Strafe verhängt. So werden die Strafen an das Einkommen angepasst.

Fahrverbot und Fahrerlaubnisentzug

- Das Fahrverbot: Auch im Bereich des Verkehrsstrafrechts kann ein Fahrverbot von einem bis drei Monaten angeordnet werden. Es gelten die gleichen Grundsätze wie im Ordnungswidrigkeitenverfahren. Mit einer Ausnahme:

Die 4-Monats-Frist zum Antritt des Fahrverbotes gilt bei einer strafrechtlichen Verurteilung nicht. Hier muss versucht werden, die Rechtskraft zu verschieben, wenn das Fahrverbot nicht sofort angetreten werden kann.

- Der Fahrerlaubnisentzug: Hat sich durch die Tat gezeigt, dass der Täter nach Ansicht des Gerichtes ungeeignet zum Führen von Kraftfahrzeugen ist (so stets z. B. bei Trunkenheit im Verkehr, Unfallflucht nach Verursachung eines bedeutenden Sachschadens über 1.500 € oder nach Personenschaden, Straßenverkehrsgefährdung oder fahrlässiger Körperverletzung bei besonders grobem Fehlverhalten oder besonders schweren Folgen), wird vom Gericht als Nebenfolge einer Strafverurteilung der Führerschein eingezogen und die dem Führerschein zugrundeliegende Fahrerlaubnis entzogen. Sie erlischt damit in allen erteilten Führerscheinklassen. Gleichzeitig ordnet das Gericht eine Sperrfrist an, vor deren Ablauf die Fahrerlaubnisbehörde keine neue Fahrerlaubnis ausstellen darf. Die Fahrerlaubnis muss dann neu beantragt werden. Der ursprüngliche Führerschein kann nicht wieder herausverlangt werden.

Wie wirkt der Fahrerlaubnisentzug?

Anders als beim Fahrverbot kann das Strafgericht bestimmte Führerscheinklassen vom Fahrerlaubnisentzug ausnehmen. Einem Berufskraftfahrer kann in Sonderfällen bei einer zugrundeliegenden Straftat aus dem privaten Bereich erlaubt werden, seinen LKW weiter zu fahren.

Die Fahrerlaubnis zurückbekommen – mit oder ohne MPU?

Mit Rechtskraft der Entscheidung ist die Fahrerlaubnis erloschen und wird daher nur auf Antrag wiedererteilt. Wegen der zu erwartenden Bearbeitungszeit sollten Sie bereits rechtzeitig vor Ablauf der Sperrfrist eine neue Fahrerlaubnis bei der zuständigen Behörde beantragen. War die alte Fahrerlaubnis nicht länger als zwei Jahre vorher sichergestellt oder entzogen worden, muss in der Regel keine neue Fahrprüfung mehr abgelegt werden.

War die Fahrerlaubnis jedoch wegen einer Straftat entzogen, die generelle Bedenken auch bezüglich Ihrer Fahreignung für die Zukunft mit sich bringt (z. B. Trunkenheit im Verkehr mit mehr als 1,6 Promille, wiederholte Auffälligkeit mit Alkohol im Straßenverkehr), erhalten Sie die Fahrerlaubnis erst wieder, wenn Sie eine medizinisch-psychologische-Untersuchung (MPU) – im Volksmund fälschlicherweise „Idiotentest" genannt – bestanden und damit bewiesen haben, dass keine Fahreignungszweifel mehr bestehen. Diese MPU wird nur von hierfür zugelassen Untersuchungsstellen abgenommen.

Damit Sie wissen, was auf Sie zukommt, sollten Sie sich auf eine solche MPU in jedem Fall zumindest mit entsprechender Literatur vorbereiten. Auch Verkehrspsychologen oder der TÜV bieten Vorbereitungskurse an, die Ihre Erfolgschancen erfahrungsgemäß deutlich verbessern. Die Kosten sind allerdings von Ihnen zu tragen. Aktuell werden für solche Vorbereitungskurse um die 90 € bis 100 € pro Stunde verlangt. In der Regel sind etwa vier bis fünf Stunden zur Vorbereitung notwendig. Die MPU selbst kostet Sie etwa 380 € bei einer alkoholbedingten und etwa 530 € bei einer drogenbedingten Begutachtung.

Auf ein positives Gutachten hinarbeiten

Bei einer drogen- oder alkoholbedingten Vortat sollten Sie bereits den Zeitraum des Entzugs der Fahrerlaubnis zu regelmäßigen Blut- oder Urinkontrollen, zum Besuch von Selbsthilfegruppen, Drogen- oder Suchtberatungen nutzen, damit dem MPU-Prüfer dann eine bereits durchgeführte Aufarbeitung Ihres Problems dargelegt und nachgewiesen werden kann.

Die Untersuchungsstelle sollte das Gutachten nie direkt an die Fahrerlaubnisbehörde schicken. Verlangen Sie in jedem Fall, dass das Gutachten Ihnen übersandt wird. Sie können dann immer noch entscheiden, ob es vorgelegt werden soll, falls es doch negativ ausgefallen ist.

Alkohol und Drogen im Straßenverkehr

Verkehrsunfälle, gerade mit schweren Personenschäden, werden immer häufiger von alkoholisierten oder unter Drogen stehenden Kraftfahrern verursacht. Die Gericht sanktionieren dies daher durch verschärfte Strafen.

Alkohol- und Drogenkonsum als Ordnungswidrigkeit

Wer ein Kraftfahrzeug unter der Einwirkung vom Alkohol mit mindestens 0,25 mg/l Atemalkoholkonzentration (AAK) oder 0,5 Promille Blutalkoholkonzentration (BAK) oder unter der Einwirkung von berauschenden Mitteln (den Wirkstoffen von Cannabis, Amphetamin, Kokain, Morphin oder Heroin) führt, begeht, auch ohne das ihm ein Fahrfehler unterläuft oder er sonst Ausfallerscheinungen aufweist, eine Ordnungswidrigkeit. Diese wird bei einem Ersttäter mit einem Bußgeld von 250 € und einem Monat Fahrverbot geahndet. Bei Zweit- oder Dritttätern werden 500 € bzw. 750 € und drei Monate Fahrverbot fällig.

Im Ordnungswidrigkeitenbereich stehen das Erreichen oder Überschreiten der BAK von 0,5 Promille und das Erreichen oder Überschreiten der AAK von 0,25 mg/l gleichwertig nebeneinander.

Anders als bei Alkohol gibt es für Drogen keinen Grenzwert, ab dem davon ausgegangen wird, dass ein Kraftfahrer absolut fahruntauglich ist. Deshalb führt jedoch bereits jeder im Blut oder Urin nachgewiesene Drogenkonsum mindestens zu einer Ordnungswidrigkeitenverurteilung, unabhängig von der Höhe des festgestellten Drogenwertes.

Alkohol- und Drogenkonsum als Straftat

Wurden 1,1 Promille oder mehr festgestellt oder liegen neben dem eigentlichen Konsum weitere Anhaltspunkte vor, nach denen die Fahreignung alkohol- oder drogenbedingt eingeschränkt ist, wird nicht nur ein Ordnungswidrigkeitentatbestand, sondern ein Straftatbestand, nämlich Trunkenheit im Verkehr oder Straßenverkehrsgefährdung verwirklicht. Solche weiteren Anhaltspunkte können z. B. Fahren von Schlangenlinien, Verursachung eines Unfalls, unkoordinierte Sprache oder sonstige Ausfallerscheinungen sein.

Die Promille-Grenze zur relativen Fahruntauglichkeit

Liegen solche alkoholbedingten Leistungsbeeinträchtigungen vor, müssen keine hohen Promille-Werte erreicht werden, um einen Straftatbestand zu erfüllen. Bereits ab 0,3 Promille kann dann der Tatbestand der Trunkenheit im Verkehr gegeben sein. Es liegt „relative Fahruntauglichkeit" vor.

Die Promille-Grenze zur absoluten Fahruntauglichkeit

Ab einem Blutalkoholwert von 1,1 Promille ist ein Kraftfahrer „absolut fahruntauglich", d.h. er kann nicht vorbringen, er fahre erst unter Alkohol richtig gut oder habe doch gleichwohl keinen Fahrfehler begangen. Ab 1,1 Promille ist in jedem Fall der Straftatbestand der Trunkenheit im Verkehr verwirklicht, unabhängig davon, ob ein Fahrfehler oder weitere Anzeichen der Leistungsminderung hinzutreten. Bei Fahrradfahrern liegt die Grenze der absoluten Fahruntauglichkeit bei 1,6 Promille.

Die Folge ist dann nicht mehr nur ein Bußgeld und ein Fahrverbot, sondern immer eine saftige Geldstrafe und beim Kraftfahrer der Entzug der Fahrerlaubnis verbunden mit einer Sperrfrist von mindestens sechs Monaten. Außerdem werden sieben Punkte in Flensburg eingetragen.

Beispiel: Alkohol am Steuer

Rudi Raser trinkt in seiner Stammkneipe zwei Gläser Bier und fährt dann nach Hause. Er gerät in eine Routinekontrolle. Es werden 0,2 mg/l AAK festgestellt (entspricht – grob geschätzt – 0,4 Promille). Rudi zeigt keinerlei Ausfallerscheinungen und darf daher weiterfahren. Am nächsten Tag trinkt er etwas mehr, wird wieder kontrolliert und hat diesmal 0,3 mg/l AAK, jedoch auch keine sonstigen Leistungsdefizite. Er muss dann mit einem Bußgeldbescheid über 250 €, einem Monat Fahrverbot und vier Punkten rechnen.

Hätte Rudi einen Unfall verursacht, weil er alkoholbedingt ein anderes Fahrzeug übersehen hat, hätte er sich nicht mehr nur einer Ordnungswidrigkeit, sondern einer Straftat, nämlich der Straßenverkehrsgefährdung schuldig gemacht. Die Folgen wären dann eine Geldstrafe, der Entzug der Fahrerlaubnis für 6 bis 12 Monate und sieben Punkte in Flensburg.

Verursachen Sie unter Alkohol- oder Drogeneinwirkung einen Unfall, muss die Vollkaskoversicherung Ihres Fahrzeuges den Schaden nicht bezahlen und die Haftpflichtversicherung kann in der Regel einen Betrag von bis zu 5.000 € von Ihnen zurückverlangen.

Fahrerlaubnisentzug durch die Verwaltungsbehörde

Bleibt es bei einer Ordnungswidrigkeitenverurteilung oder einem Bußgeldbescheid wegen Drogen im Straßenverkehr, ist die Sache nach Rechtskraft des Bußgeldbescheides noch nicht beendet. Solche Bußgeldbescheide oder Urteile werden immer auch der Fahrerlaubnisbehörde gemeldet, die dann – je nach Drogenart und Umfang des Konsums – entweder ein nervenfachärztlichen Gutachtens fordert oder die Fahrerlaubnis sofort entziehen wird. Das „dicke Ende" kommt also noch nach.

Die Fahrerlaubnisbehörde ist hierbei an die Feststellungen des Strafgerichts oder der Bußgeldbehörde gebunden, d.h. man kann später nicht mehr vortragen, man habe gar keine Drogen genommen. Dies muss im ursprünglichen Ordnungswidrigkeitenverfahren geklärt werden, indem gegen den Bußgeldbescheid Einspruch eingelegt wird.

Auch wer außerhalb des Straßenverkehrs als Drogenkonsument auffällt, ruft Bedenken hinsichtlich seiner Fahreignung hervor. Gibt jemand zu, häufiger Drogen zum Eigenverbrauch erworben und konsumiert zu haben, bestehen damit auch Bedenken gegen seine Fahreignung.

Verkehrsverstöße im Ausland

Verkehrsverstöße im Ausland werden nach völlig anderen Grundsätzen verfolgt als im deutschen Ordnungswidrigkeitenrecht. Jedes Land hat also trotz europäischer Angleichung sein eigenes Rechtssystem und Strafen. Die Sätze des deutschen Bußgeldkataloges können daher nicht auf das Ausland übertragen werden.

Beispiel: Geschwindigkeit kann teuer werden

Bodo Blitz begeht in Deutschland eine Geschwindigkeitsüberschreitung von 20 km/h. Er erhält dafür ein Verwarnungsgeld von bis zu 35 €. Franz Frisch fährt in Italien 20 km/h zu schnell. Dies kostet ihn mehr als 140 €. Rudi Raser muss in Spanien hierfür bis zu 300 € und in Norwegen sogar ab 300 € zahlen.

In manchen Ländern wird bei erheblichen Verstößen der Führerschein sofort beschlagnahmt und einem Urlauber dann an seinen Heimatort übersandt. Die Urlaubsfahrt ist damit jedoch zunächst gestoppt.

Ordnungswidrigkeiten- und Strafurteile aus anderen Ländern sind selten in Deutschland vollstreckbar. Ein entsprechendes Abkommen besteht jedoch mit Österreich mit der Folge, dass der deutsche Gerichtsvollzieher österreichische Geldbußen und Geldstrafen eintreiben kann. Spätestens bei der Wiedereinreise im nächsten Urlaub kann dann aber das böse Erwachen folgen, wenn ausländische Strafzettel oder Bußgeldbescheide einfach weggeworfen wurden. Die teilweise erheblichen Strafen können zusammen mit den inzwischen aufgelaufenen Kosten entweder sofort durchgesetzt oder sogar Ihr Fahrzeug beschlagnahmt werden.

Ein deutscher Rechtsanwalt ist selten in allen europäischen Prozessordnungen kompetent, es sei denn, er ist gerade in einer Grenzregion tätig. Bei Verkehrsverstößen im Ausland kann Ihnen Ihre Rechtschutzversicherung oder Ihr Automobilclub einen deutschsprachigen Anwalt im Ausland benennen, mit dem Sie einfacher korrespondieren und zunächst den weiteren Verfahrensgang abklären können.

Der ausländische Rechtsanwalt kann dann gegebenenfalls auch darauf hinwirken, dass Sie nicht wegen eines geringen Bußgeldes mehrere hundert Kilometer zu einem Gerichtstermin reisen müssen.

Das Verkehrszentralregister – die Flensburger „Verkehrssünderkartei"

Punkte in Flensburg bleiben dort nicht für den Rest Ihres Lebens registriert. Unter bestimmten Voraussetzungen können Sie dazu beitragen, dass Ihr Punktekonto reduziert wird. Zu viele Punkte haben ernsthafte Folgen.

Was wird eingetragen?

Jede rechtskräftige Ordnungswidrigkeitenentscheidung mit einem Bußgeld von mindestens 40 € (ohne die Verfahrenskosten) zieht – wie jedes Strafurteil wegen eines Verkehrsdeliktes – Punkte nach dem Mehrfachtäter-Punktsystem nach sich. Verkehrsordnungswidrigkeiten werden mit einem bis vier Punkten, Verkehrsstraftaten mit fünf bis sieben Punkten geahndet.

Punkte sind nicht „verhandelbar"

Punkte können weder ermäßigt noch erlassen werden. Sie ergeben sich zwingend aus dem Punktekatalog. Sie müssen nur dann keinen Eintrag befürchten, wenn der Tatvorwurf nicht rechtskräftig festgestellt oder das Bußgeld auf weniger als 40 € ermäßigt wird.

Auch verkehrsstrafrechtliche Entscheidungen ziehen Punkte in erheblichem Umfang nach sich, obwohl hierauf im Urteil oder Strafbefehl selbst nicht hingewiesen wird, z. B. bei fahrlässiger Körperverletzung (fünf Punkte), Unfallflucht (sieben Punkte) oder Trunkenheit im Verkehr (sieben Punkte).

Welche Folgen haben die Punkte?

Auswirkungen auf die Fahrerlaubnis

- 8 Punkte: Der Betroffene wird von der Fahrerlaubnisbehörde kostenpflichtig verwarnt und es wird ihm nahegelegt, freiwillig an einem Aufbauseminar für Kraftfahrer teilzunehmen.

- 14 Punkte: Die Fahrerlaubnisbehörde ordnet die Teilnahmen an einem Aufbauseminar an, wenn in den letzten fünf Jahren noch kein solches Seminar besucht wurde. Wird die Teilnahme verweigert, hat dies den Entzug der Fahrerlaubnis zur Folge.
- 18 Punkte: Die Fahrerlaubnis wird zwingend entzogen, ohne Berücksichtigung, ob diese beruflich oder privat benötigt wird. Eine Ausnahme besteht hier nur, wenn ohne vorherige Verwarnung und Möglichkeit eines Aufbauseminars „auf einen Schlag" die Punktegrenzen überschritten wurden. Der Betroffene wird dann so behandelt, als hätte er erst 13 bzw. 17 Punkte. Wird die Fahrerlaubnis wegen Überschreitens der 18 Punkte entzogen, so darf sie frühestens nach Ablauf von sechs Monaten und erfolgreicher Ableistung einer MPU (medizinisch-psychologische Untersuchung) wieder erteilt werden (mehr zur MPU s. S. 59 ff.).

Auswirkungen auf die Bußgeldhöhe oder ein Fahrverbot

Haben Sie bereits mehrere Entscheidungen und damit Punkte in Ihrem Verkehrszentralregister angesammelt, so kann die Bußgeldbehörde oder das Gericht wegen „beharrlicher Zuwiderhandlung gegen Verkehrsvorschriften" ein höheres Bußgeld verhängen. Um den Ernst der Lage zu verdeutlichen, kann auch bei einem Verstoß, der bei einem Ersttäter kein Fahrverbot nach sich gezogen hätte, ein Fahrverbot angeordnet werden.

Wann werden Punkte gelöscht?

Die gesamten Verkehrszentralregistereinträge werden zusammen gelöscht, wenn zwei Jahre ab der Rechtskraft der letzten eingetragenen Ordnungswidrigkeitenentscheidung keine neue Ordnungswidrigkeit mit einem Bußgeld von 40 € oder mehr rechtskräftig festgestellt wurde. Eine Ausnahme bilden nur die Eintragungen wegen Alkohol oder Drogen im Straßenverkehr, die erst nach fünf Jahren getilgt werden. Punkte aus allen strafrechtlichen Verurteilungen bleiben ebenfalls mindestens fünf Jahre eingetragen.

Punkte, die aufgrund von Alkohol- oder Drogeneinfluss im Straßenverkehr eingetragen wurden, bleiben fünf Jahre im Register stehen.

Kommen innerhalb der Tilgungsfristen weitere Punkte dazu, so beginnen die Fristen neu ab dem Rechtskraftdatum der letzten eingetragenen Entscheidung zu laufen. Oftmals kann es daher schon ausreichen, das Bußgeld einer neuen Entscheidung unter die Eintragungsgrenze von 40 € zu drücken, z. B. wegen besonderer Umstände wie Mitverschulden eines anderen. Damit wird die neue Entscheidung nicht mehr eingetragen und die Tilgungsfristen werden nicht gehemmt.

Ordnungswidrigkeitenentscheidungen bleiben jedoch nie länger als fünf Jahre ab Rechtskraft eingetragen, unabhängig davon, was nachträglich noch eingetragen wird. Sie werden nach Ablauf von fünf Jahren dann jedoch einzeln getilgt und die restlichen Entscheidungen bleiben im Register verzeichnet.

Ausschlaggebend für die Fristberechnung ist (noch) das Datum der Rechtskraft. Ein Bußgeldbescheid oder ein Strafbefehl wird zwei Wochen nach seiner Zustellung rechtskräftig, wenn kein Einspruch eingelegt worden ist. Im Falle eines Einspruchs tritt die Rechtskraft entweder mit Einspruchsrücknahme oder mit der Unanfechtbarkeit der gerichtlichen Entscheidung ein.

Einspruch – das Punktekonto im Auge behalten

Bei ungünstiger zeitlicher Abfolge können sich auch Punkte bis zu einem bedrohlichen Maß ansammeln, die ansonsten bereits tilgungsreif wären.

Beispiel: Durch Einspruch die Rechtskraft verzögern

In Rudi Rasers Verkehrszentralregister, das bereits elf Punkte aufweist, ist die letzte eingetragene Ordnungswidrigkeitenentscheidung am 05.04.2003 rechtskräftig geworden. Also würde das gesamte Register mit Ablauf des 04.04.2005 getilgt. Erhält Rudi nun am 10.01.2005 einen weiteren Bußgeldbescheid mit drei Punkten und legt gegen diesen keinen Einspruch ein, so wird er mit Ablauf des 24.01.2005 rechtskräftig. Die weiteren Punkte werden seinem Verkehrszentralregister hinzugefügt, er hat dann 14 Punkte, die Fahrerlaubnisbehörde muss die Teilnahme an einem kostenpflichtigen Aufbauseminar anordnen und sämtliche Entscheidungen werden erst zusammen am 23.01.2007 getilgt.

Legt Rudi hingegen gegen den neuen Bußgeldbescheid jedoch Einspruch ein und verzögert seine Rechtskraft dadurch bis über den 04.04.2005 hinaus, werden die früheren Punkte vollständig getilgt und sein Register weist dann nach Einspruchsrücknahme nur noch die neuen drei Punkten auf.

Auch in einem solchen Fall kann es Ihnen daher allein durch die zeitliche Gestaltung gelingen, alle oder zumindest einige

Voreintragungen tilgungsreif werden zu lassen. Das Gericht muss Sie dann als Ersttäter behandeln, das Bußgeld herabsetzen oder das Fahrverbot entfallen lassen.

Der Gesetzgeber plant aktuell davon abzuweichen, dass erst die Rechtskraft der Entscheidungen Auswirkungen auf das Register hat. Zum Stand April 2004 ist eine solche Änderung nicht beschlossen. Ob sie kommt, kann derzeit nicht prognostiziert werden.

So können Sie Punkte abbauen

Erreicht Ihr Punktekonto einen bedrohlichen Stand, können Sie Maßnahmen zum Punkteabbau vornehmen. Die Kosten hierfür müssen Sie jedoch selbst tragen.

Das Aufbauseminar für Kraftfahrer

Besuchen Sie beim Stand von bis zu acht Punkten ein freiwilliges Aufbauseminar für Kraftfahrer, werden Ihnen vier Punkte erlassen. Maximal kann der Punktestand jedoch auf Null reduziert werden.

Ein Aufbauseminar wird von größeren Fahrschulen angeboten, umfasst vier Sitzungen von jeweils 135 Minuten sowie eine praktische Fahrprobe von 30 Minuten und eine anschließende Besprechung mit dem Fahrlehrer. Das Seminar muss nicht „bestanden" werden, es wird lediglich eine Teilnahmebestätigung ausgegeben, die dann der Fahrerlaubnisbehörde vorgelegt werden muss. Die Kosten belaufen sich auf ca. 100 € bis 250 €.

Bei 9 bis 13 Punkten werden nach freiwilligem Aufbauseminar noch zwei Punkte reduziert.

Die verkehrspsychologische Beratung

Mit der Ableistung eines angeordneten Aufbauseminars bei einem Stand ab 14 Punkten ist kein Punkterabatt mehr verbunden. Sie können dann jedoch noch freiwillig an einer verkehrspsychologischen Beratung teilnehmen, die einen Erlass von zwei Punkten bewirkt. Diese erfolgt im Einzelgespräch bei speziellen Verkehrspsychologen. Sie dauert mindestens vier Stunden auf mehrere Einzeltermine verteilt und kostet ca. 300 €.

Wann sind reduzierende Maßnahmen sinnvoll?

Ein Aufbauseminar kann nur einmal innerhalb eines Zeitraums von fünf Jahren punktereduzierend abgeleistet werden. Diese Möglichkeit sollten Sie daher nicht vorschnell bei einem Stand von wenigen Punkten „verschießen".

Sinnvoll ist in der Regel die freiwillige Ableistung, wenn in Kürze die Überschreitung der dreizehn Punkte droht und nach rechtskräftiger Entscheidung das Aufbauseminar sowieso angeordnet wird, ohne dass dann noch ein Punkteabzug damit verbunden wäre.

Beispiel: Zum richtigen Zeitpunkt das Seminar besuchen

Erhält Bodo Blitz einen Bußgeldbescheid, der bei seiner Rechtskraft dazu führt, dass er 13 Punkte überschreit, sollte er dagegen Einspruch einlegen und sich dann, wenn feststeht, dass der Bußgeldvorwurf nicht widerlegt werden kann, zu einem Aufbauseminar anmelden. Noch vor Rechtskraft der Entscheidung muss er die Teilnahmebestätigung dann der Fahrerlaubnisbehörde vorgelegen. Er erhält somit noch den Rabatt von zwei Punkten. Erst mit Rechtskraft der neuen Entscheidung werden dann die neuen Punkte in seinem Verkehrszentralregister hinzuaddiert.

So erfahren Sie Ihren Punktestand

Die Auskunft über Ihren Punktestand erteilt kostenfrei das Kraftfahrt-Bundesamt in Flensburg. Um zu vermeiden, dass ein Dritter Auskunft über Ihr Register erhält, muss die Anfrage schriftlich an die Adresse Kraftfahrt-Bundesamt, 24932 Flensburg, gestellt werden und entweder eine amtlich beglaubigte Unterschrift enthalten oder die Vorder- und Rückseite Ihres Personalausweises oder Reisepasses in Kopie beigefügt sein. Notwendige Angaben sind der Name mit allen Vornamen, der Geburtsname (auch wenn nicht abweichend vom Namen), der Geburtsort, das Geburtsdatum und die vollständige Adresse (Muster s. S. 122).

Ihr Rechtsanwalt kann die Auskunft auch unter Vorlage einer schriftlichen Vollmacht für Sie anfordern. Weitere Informationen hierzu finden Sie auch im Internet unter der Homepage des Kraftfahrtbundesamtes www.kba.de.

Der Bußgeldkatalog

Seit dem 01.04.2004 kann das Telefonieren mit dem Handy richtig teuer werden, zumindest ohne Freisprechanlage. Und das gilt sowohl im Auto als auch – für viele überraschend – auf dem Fahrrad. Was sich sonst noch geändert hat erfahren Sie im folgenden - und natürlich finden Sie den aktuellen Bußgeldkatalog.

Was hat sich geändert?

Die aktuellen Änderungen des Bußgeldkataloges zum 01.04.2004 betreffen im Wesentlichen

- das Telefonieren im Auto ohne Freisprecheinrichtung: mindestens 40 € und damit auch ein Punkt in Flensburg (auf dem Fahrrad 25 €),
- die Gurtpflicht in Reisebussen: 30 €,
- Falschparken, wenn dadurch Rettungsfahrzeuge behindert werden: 40 € und ein Punkt,
- falsches Einfahren in den Kreisverkehr: 20 €,
- die Durchführung illegaler Rennen: 1.000 €, vier Punkte und ein Monat Fahrverbot sowie
- Geschwindigkeitsverstöße mit Bussen und LKW und Mängel an Bussen und LKW.

Wie ist der Katalog aufgebaut?

Der Bußgeldkatalog regelt nicht nur die bekanntesten Verkehrsverstöße wie Geschwindigkeitsüberschreitungen, Abstandsvergehen oder Falschparken. Es finden sich darin vielmehr Bußgelder für nahezu alle Bereiche, die mit dem Auto in Verbindung stehen.

Der Katalog baut sich wie folgt auf: Teil A regelt die Verstöße gegen allgemeine Verkehrsvorschriften, während Teil B die Ordnungswidrigkeiten im Zusammenhang mir Alkohol und Drogen betrifft.

Teil A ist dann wieder unterteilt in die Buchstaben:

a) Zuwiderhandlungen gegen die Straßenverkehrsordnung, also die Verletzung von Pflichten im fließenden Verkehr (z. B. Behinderung eines anderen, Geschwindigkeit, Abstand, Überholen, Vorfahrt) und im ruhenden Verkehr (z. B. Halt- und Parkverstöße, Sorgfaltspflichten beim Ein- und Aussteigen);
b) Verstöße gegen die Fahrerlaubnisverordnung (z. B. Mitführen des Führerscheins) und
c) Verstöße gegen die Straßenverkehrszulassungsordnung (z. B. Nichtdurchführung der Haupt- oder Abgasuntersuchung, abgefahrene Reifen).
Die Verstöße sind dabei in aufsteigender Ordnung nach Tatbestandsnummern und Bußgeldern sortiert. Tritt neben dem Grundtatbestand eine Gefährdung oder sogar Sachbeschädigung ein, wird das Bußgeld gestaffelt erhöht (s. Tab. 4, S. 119).

Beispiel: Die Bußgeldhöhe ist situationsabhängig

Bodo Blitz übersieht an einer Kreuzung ein anderes Fahrzeug und nimmt diesem die Vorfahrt. Der andere Autofahrer kann durch eine normale Bremsung einen Unfall verhindern. Zufällig wird dies von einem Polizisten beobachtet, der Bodo Blitz mit einem Verwarnungsgeld von 25 € belegen kann. Konnte der andere Autofahrer eine Kollision nur durch eine Vollbremsung gerade noch verhindern, geht Bodo Blitz in nächster Zeit ein Bußgeldbescheid zu, nach dem er dann bereits 50 € und die Verfahrenskosten von 18,10 € zahlen muss und er zusätzlich drei Punkte in Flensburg erhält. Kam es zum Unfall, werden im Bußgeldbescheid mind. 60 € (und die Verfahrenskosten) fällig. Bodo muss das Bußgeld also trotz eines eigenen Schadens am Auto bezahlen. Zusätzlich erhält er drei Punkte.

Bußgelder sind nicht nur für Kraftfahrer, sondern auch für Radfahrer oder Fußgänger vorgesehen. Der Bußgeldkatalog ist jedoch nicht abschließend, d.h. auch Verstöße die darin nicht enthalten sind, können geahndet werden.

Der Katalog

Nr.	Tatbestand	Regelsatz/ Fahrverbot	Punkte
A. Zuwiderhandlungen gegen § 24 StVG			
a) Straßenverkehrs-Ordnung			
Grundregeln			
1	Durch Außer-Acht-Lassen der im Verkehr erforderlichen Sorgfalt		
1.1	▪ einen anderen mehr als nach den Umständen unvermeidbar belästigt	10 €	
1.2	▪ einen anderen mehr als nach den Umständen unvermeidbar behindert	20 €	
1.3	▪ einen anderen gefährdet	30 €	
1.4	▪ einen anderen geschädigt, soweit im Folgenden nichts anderes bestimmt ist	35 €	
Straßenbenutzung durch Fahrzeuge			
2	Vorschriftswidrig Gehweg, Seitenstreifen (außer auf Autobahnen oder Kraftfahrstraßen), Verkehrsinsel oder Grünanlage benutzt	5 €	
2.1	▪ mit Behinderung	10 €	
2.2	▪ mit Gefährdung	20 €	
3	Gegen das Rechtsfahrgebot verstoßen durch Nichtbenutzen		
3.1	▪ der rechten Fahrbahnseite	10 €	
3.1.1	– mit Behinderung	20 €	
3.2	▪ des rechten Fahrstreifens (außer auf Autobahnen oder Kraftfahrstraßen) und dadurch einen anderen behindert	20 €	
3.3	▪ der rechten Fahrbahn bei zwei getrennten Fahrbahnen	25 €	
3.3.1	– mit Gefährdung	35 €	
3.4	▪ eines markierten Schutzstreifens als Radfahrer	10 €	
3.4.1	– mit Behinderung	15 €	
3.4.2	– mit Gefährdung	20 €	
3.4.3	– mit Sachbeschädigung	25 €	
4	Gegen das Rechtsfahrgebot verstoßen		

Nr.	Tatbestand	Regelsatz/ Fahrverbot	Punkte
4.1	▪ bei Gegenverkehr, beim Überholt werden, an Kuppen, in Kurven oder bei Unübersichtlichkeit und dadurch einen anderen gefährdet	40 €	2 P
4.2	▪ auf Autobahnen oder Kraftfahrstraßen und dadurch einen anderen behindert	40 €	1 P
5	Schienenbahn nicht durchfahren lassen	5 €	
6	Als Führer eines kennzeichnungspflichtigen Kraftfahrzeugs mitgefährlichen Gütern bei Sichtweite unter 50m durch Nebel, Schneefall oder Regen oder bei Schneeglätte oder Glatteis sich nicht so verhalten, dass die Gefährdung eines anderen ausgeschlossen war, insbesondere, obwohl nötig, nicht den nächsten geeigneten Platz zum Parken aufgesucht	75 €	3 P
7	Als Radfahrer oder Mofafahrer		
7.1	▪ Radweg (Zeichen 237, 240, 241) nicht benutzt oder in nicht zugelassener Richtung befahren	15 €	
7.1.1	– mit Behinderung	20 €	
7.1.2	– mit Gefährdung	25 €	
7.1.3	– mit Sachbeschädigung	30 €	
7.2	▪ Fahrbahn, Radweg oder Seitenstreifen nicht vorschriftsmäßig benutzt	10 €	
7.2.1	– mit Behinderung	15 €	
7.2.2	– mit Gefährdung	20 €	
7.2.3	– mit Sachbeschädigung	25 €	
Geschwindigkeit			
8	Mit nicht angepasster Geschwindigkeit gefahren		
8.1	▪ trotz angekündigter Gefahrenstelle, bei Unübersichtlichkeit, an Straßenkreuzungen, Straßeneinmündungen, Bahnübergängen oder bei schlechten Sicht- oder Wetterverhältnissen (z. B. Nebel, Glatteis)	50 €	3 P
8.2	▪ in anderen als in Nummer 8.1 genannten Fällen mit Sachbeschädigung	35 €	

Nr.	Tatbestand	Regelsatz/ Fahrverbot	Punkte
9	Festgesetzte Höchstgeschwindigkeit bei Sichtweite unter 50 m durch Nebel, Schneefall oder Regen überschritten	50 €	3 P
9.1	▪ um mehr als 20 km/h mit einem Kraftfahrzeug der in § 3 Abs. 3 Nr. 2 Buchstabe a oder b StVO genannten Art	Tab. 1/ Bst. a	
9.2	▪ um mehr als 15 km/h mit kennzeichnungspflichtigen Kraftfahrzeugen der in Nummer 9.1 genannten Art mit gefährlichen Gütern oder Kraftomnibussen mit Fahrgästen	Tab. 1/ Bst. b	
9.3	▪ um mehr als 25 km/h inner Orts oder 30 km/h außerorts mit anderen als den in Nummer 9.1 oder 9.2 genannten Kraftfahrzeugen	Tab. 1/ Bst. c	
10	Als Fahrzeugführer ein Kind, einen Hilfsbedürftigen oder älteren Menschen gefährdet, insbesondere durch nicht ausreichend verminderte Geschwindigkeit, mangelnde Bremsbereitschaft oder unzureichenden Seitenabstand beim Vorbeifahren oder Überholen	60 €	3 P
11	Zulässige Höchstgeschwindigkeit überschritten mit		
11.1	▪ Kraftfahrzeugen der in § 3 Abs. 3 Nr. 2 Buchstabe a oder b StVO genannten Art	Tab. 1/ Bst. a	
11.2	▪ kennzeichnungspflichtigen Kraftfahrzeugen der in Nr. 11.1 genannten Art mit gefährlichen Gütern oder Kraftomnibussen mit Fahrgästen	Tab. 1/ Bst. b	
11.3	▪ anderen als den in Nr. 11.1 oder 11.2 genannten Kraftfahrzeugen	Tab. 1/ Bst. c	
Abstand			
12	Erforderlichen Abstand von einem vorausfahrenden Fahrzeug nicht eingehalten		
12.1	▪ bei einer Geschwindigkeit bis 80 km/h	25 €	
12.2	– mit Gefährdung	30 €	
12.3	– mit Sachbeschädigung	35 €	

Nr.	Tatbestand	Regelsatz/ Fahrverbot	Punkte
12.4	▪ bei einer Geschwindigkeit von mehr als 80 km/h, sofern der Abstand in Metern nicht weniger als ein Viertel des Tachowertes betrug	35 €	
12.5	▪ bei einer Geschwindigkeit von mehr als 80 km/h, sofern der Abstand in Metern weniger als ein Viertel des Tachowertes betrug	Tab. 2/ Bst. a	
12.6	▪ bei einer Geschwindigkeit von mehr als 130 km/h, sofern der Abstand in Metern weniger als ein Viertel des Tachowertes betrug	Tab. 2/ Bst. b	
13	Als Vorausfahrender ohne zwingenden Grund stark gebremst		
13.1	▪ mit Gefährdung	20 €	
13.2	▪ mit Sachbeschädigung	30 €	
14	Den zum Einscheren erforderlichen Abstand von dem vorausfahrenden Fahrzeug außerhalb geschlossener Ortschaften nicht eingehalten	25 €	
15	Mit Lastkraftwagen (zulässiges Gesamtgewicht über 3,5 t) oder Kraftomnibus bei einer Geschwindigkeit von mehr als 50 km/h auf einer Autobahn Mindestabstand von 50 m von einem vorausfahrenden Fahrzeug nicht eingehalten	50 €	3 P
Überholen			
16	Innerhalb geschlossener Ortschaften rechts überholt	30 €	
16.1	▪ mit Sachbeschädigung	35 €	
17	Außerhalb geschlossener Ortschaften rechts überholt	50 €	3 P
18	Mit nicht wesentlich höherer Geschwindigkeit als der zu Überholende überholt	40 €	1 P
19	Überholt, obwohl nicht übersehen werden konnte, dass während des ganzen Überholvorgangs jede Behinderung des Gegenverkehrs ausgeschlossen war, oder bei unklarer Verkehrslage	50 €	3 P

Nr.	Tatbestand	Regelsatz/ Fahrverbot	Punkte
19.1	▪ und dabei Verkehrszeichen (Zeichen 276, 277) nicht beachtet oder Fahrstreifenbegrenzung (Zeichen 295, 296) überquert oder überfahren oder der durch Pfeile vorgeschriebenen Fahrtrichtung (Zeichen 297) nicht gefolgt	75 €	4 P
19.1.1	▪ mit Gefährdung oder Sachbeschädigung	125 € / 1 Monat	4 P
20	Überholt unter Nichtbeachten von Verkehrszeichen (Zeichen 276, 277)	40 €	1 P
21	Mit einem Kraftfahrzeug mit einem zulässigen Gesamtgewicht über 7,5 t überholt, obwohl die Sichtweite durch Nebel, Schneefall oder Regen weniger als 50 m betrug	75 €	4 P
21.1	▪ mit Gefährdung oder Sachbeschädigung	125 €/ 1 Monat	4 P
22	Zum Überholen ausgeschert und dadurch nachfolgenden Verkehr gefährdet	40 e	2 P
23	Beim Überholen ausreichenden Seitenabstand zu einem anderen Verkehrsteilnehmer nicht eingehalten	30 €	
23.1	▪ mit Sachbeschädigung	35 €	
24	Nach dem Überholen nicht sobald wie möglich wieder nach rechts eingeordnet	10 €	
25	Nach dem Überholen beim Einordnen einen Überholten behindert	20 €	
26	Beim Überholtwerden Geschwindigkeit erhöht	30 €	
27	Als Führer eines langsameren Fahrzeugs Geschwindigkeit nicht ermäßigt oder nicht gewartet, um mehreren unmittelbar folgenden Fahrzeugen das Überholen zu ermöglichen	10 €	
28	Vorschriftswidrig links überholt, obwohl der Fahrer des voraus- fahrenden Fahrzeugs die Absicht, nach links abzubiegen, angekündigt und sich eingeordnet hatte	25 €	
28.1	▪ mit Sachbeschädigung	30 €	

Nr.	Tatbestand	Regelsatz/ Fahrverbot	Punkte
Fahrtrichtungsanzeiger			
29	Fahrtrichtungsanzeiger nicht wie vorgeschrieben benutzt	10 €	
Vorbeifahren			
30	An einem haltenden Fahrzeug, einer Absperrung oder einem sonstigen Hindernis auf der Fahrbahn links vorbeigefahren, ohne ein entgegenkommendes Fahrzeug durchfahren zu lassen	20 €	
30.1	▪ mit Gefährdung	30 €	
30.2	▪ mit Sachbeschädigung	35 €	
Benutzung von Fahrstreifen durch Kraftfahrzeuge			
31	Fahrstreifen gewechselt und dadurch einen anderen gefährdet	30 €	
31.1	▪ mit Sachbeschädigung	35 €	
Vorfahrt			
32	Als Wartepflichtiger an eine bevorrechtigte Straße nicht mit mäßiger Geschwindigkeit herangefahren	10 €	
33	Vorfahrt nicht beachtet und dadurch einen Vorfahrtberechtigten wesentlich behindert	25 €	
34	Vorfahrt nicht beachtet und dadurch einen Vorfahrtberechtigten gefährdet	50 €	3 P
Abbiegen, Wenden, Rückwärtsfahren			
35	Abgebogen, ohne sich ordnungsgemäß oder rechtzeitig eingeordnet oder ohne vor dem Einordnen oder Abbiegen auf den nachfolgenden Verkehr geachtet zu haben	10 €	
35.1	▪ mit Gefährdung	30 €	
35.2	▪ mit Sachbeschädigung	35 €	
36	Als Linksabbieger auf längs verlegten Schienen eingeordnet und dadurch ein Schienenfahrzeug behindert	5 €	
37	Als auf der Fahrbahn abbiegender Radfahrer bei ausreichendem Raum nicht an der rechten Seite des in gleicher Richtung abbiegenden Fahrzeugs geblieben	10 €	
37.1	▪ mit Behinderung	15 €	

Nr.	Tatbestand	Regelsatz/ Fahrverbot	Punkte
37.2	▪ mit Gefährdung	20 €	
37.3	▪ mit Sachbeschädigung	25 €	
38	Als nach links abbiegender Radfahrer nicht abgestiegen, obwohl es die Verkehrslage erforderte, oder Radverkehrsführungen nicht gefolgt	10 €	
38.1	▪ mit Behinderung	15 €	
38.2	▪ mit Gefährdung	20 €	
38.3	▪ mit Sachbeschädigung	25 €	
39	Abgebogen, ohne Fahrzeug durchfahren zu lassen	10 €	
40	Abgebogen, ohne Fahrzeug durchfahren zu lassen, und dadurch einen anderen gefährdet	40 €	2 P
41	Beim Abbiegen auf einen Fußgänger keine besondere Rücksicht genommen und ihn dadurch gefährdet	40 €	2 P
42	Beim Linksabbiegen nicht voreinander abgebogen	10 €	
43	Beim Linksabbiegen nicht voreinander abgebogen und dadurch einen anderen gefährdet	40 €	1 P
44	Beim Abbiegen in ein Grundstück, beim Wenden oder Rückwärtsfahren einen anderen Verkehrsteilnehmer gefährdet	50 €	2 P
Kreisverkehr			
45	Innerhalb des Kreisverkehrs auf der Fahrbahn		
45.1	▪ gehalten	10 €	
45.1.1	– mit Behinderung	15 €	
45.2	▪ geparkt	15 €	
45.2.1	– mit Behinderung	25 €	
46	Als Berechtigter beim Überfahren der Mittelinsel im Kreisverkehr einen anderen gefährdet	35 €	

Nr.	Tatbestand	Regelsatz/ Fahrverbot	Punkte
Einfahren und Anfahren			
47	Aus einem Grundstück, einem Fußgängerbereich (Zeichen 242, 243), einem verkehrsberuhigten Bereich (Zeichen 325, 326) auf die Straße oder von einem anderen Straßenteil oder über einen abgesenkten Bordstein hinweg auf die Fahrbahn eingefahren oder vom Fahrbahnrand angefahren und dadurch einen anderen gefährdet	30 €	
47.1	▪ mit Sachbeschädigung	35 €	
48	Beim Fahren in eine oder aus einer Parklücke stehendes Fahrzeug beschädigt	20 €	
Besondere Verkehrslagen			
49	Trotz stockenden Verkehrs in eine Kreuzung oder Einmündung eingefahren und dadurch einen anderen behindert	20 €	
50	Bei stockendem Verkehr auf einer Autobahn oder Außerortsstraße für die Durchfahrt von Polizei- oder Hilfsfahrzeugen eine vorschriftsmäßige Gasse nicht gebildet	20 €	
Halten und Parken			
51	Unzulässig gehalten		
51.1	▪ in den in § 12 Abs. 1 StVO genannten Fällen	10 €	
51.1.1	– mit Behinderung	15 €	
51.2	▪ in „zweiter Reihe"	15 €	
51.2.1	– mit Behinderung	20 €	
51a	An einer engen oder unübersichtlichen Straßenstelle oder im Bereich einer scharfen Kurve geparkt (§ 12 Abs. 2 StVO)	15 €	
51a.1	▪ mit Behinderung	25 €	
51a.2	▪ länger als 1 Stunde	25 €	
51a.2.1	– mit Behinderung	35 €	
51a.3	▪ wenn ein Rettungsfahrzeug im Einsatz behindert worden ist	40 €	1

Nr.	Tatbestand	Regelsatz/ Fahrverbot	Punkte
52	Unzulässig geparkt (§ 12 Abs. 2 StVO) in den Fällen, in denen § 12 Abs. 1 Nr. 3 bis 7, 9 StVO das Halten verbietet, oder auf Geh- und Radwegen	15 €	
52.1	▪ mit Behinderung	25 €	
52.2	▪ länger als 1 Stunde	25 €	
52.2.1	– mit Behinderung	35 €	
53	Vor oder in amtlich gekennzeichneten Feuerwehrzufahrten geparkt (§ 12 Abs. 2 StVO)	35 €	
53.1	▪ und dadurch ein Rettungsfahrzeug im Einsatz behindert	50 €	1
54	Unzulässig geparkt (§ 12 Abs. 2 StVO) in den in § 12 Abs. 3 Nr. 1 bis 7, 8 Buchstabe a, b oder d oder Nr. 9 genannten Fällen	10 €	
54.1	▪ mit Behinderung	15 €	
54.2	▪ länger als 3 Stunden	20 €	
54.2.1	– mit Behinderung	30 €	
55	Unberechtigt auf Schwerbehinderten-Parkplatz geparkt (§ 12 Abs. 2 StVO)	35 €	
56	In einem nach § 12 Abs. 3a Satz 1 StVO geschützten Bereich während nicht zugelassener Zeiten mit einem Kraftfahrzeug über 7,5 t zulässiges Gesamtgewicht oder einem Kraftfahrzeuganhänger über 2 t zulässiges Gesamtgewicht regelmäßig geparkt (§ 12 Abs. 2 StVO)	30 €	
57	Mit Kraftfahrzeuganhänger ohne Zugfahrzeug länger als 2 Wochen geparkt (§ 12 Abs. 2 StVO)	20 €	
58	In „zweiter Reihe" geparkt (§ 12 Abs. 2 StVO)	20 €	
58.1	▪ mit Behinderung	25 €	
58.2	▪ länger als 15 Minuten	30 €	
58.2.1	– mit Behinderung	35 €	
59	Im Fahrraum von Schienenfahrzeugen gehalten	20 €	
59.1	▪ mit Behinderung	30 €	

Nr.	Tatbestand	Regelsatz/ Fahrverbot	Punkte
60	Im Fahrraum von Schienenfahrzeugen geparkt (§ 12 Abs. 2 StVO)	25 €	
60.1	▪ mit Behinderung	35 €	
61	Vorrang des Berechtigten beim Einparken in eine Parklücke nicht beachtet	10 €	
62	Nicht Platz sparend gehalten oder geparkt (§ 12 Abs. 2 StVO)	10 €	
Einrichtungen zur Überwachung der Parkzeit			
63	An einer abgelaufenen Parkuhr, ohne vorgeschriebene Parkscheibe, ohne Parkschein oder unter Überschreiten der erlaubten Höchstparkdauer geparkt (§ 12 Abs. 2 StVO)	5 €	
63.1	▪ bis zu 30 Minuten	5 €	
63.2	▪ bis zu 1 Stunde	10 €	
63.3	▪ bis zu 2 Stunden	15 €	
63.4	▪ bis zu 3 Stunden	20 €	
63.5	▪ länger als 3 Stunden	25 €	
Sorgfaltspflichten beim Ein- und Aussteigen			
64	Beim Ein- oder Aussteigen einen anderen Verkehrsteilnehmer gefährdet	10 €	
64.1	▪ mit Sachbeschädigung	25 €	
65	Fahrzeug verlassen, ohne die nötigen Maßnahmen getroffen haben, um Unfälle oder Verkehrsstörungen zu vermeiden	15 €	
65.1	▪ mit Sachbeschädigung	25 €	
Liegenbleiben von Fahrzeugen			
66	Liegen gebliebenes mehrspuriges Fahrzeug nicht oder nicht wie vorgeschrieben abgesichert, beleuchtet oder kenntlich gemacht und dadurch einen anderen gefährdet	40 €	2 P
Abschleppen von Fahrzeugen			
67	Beim Abschleppen eines auf der Autobahn liegen gebliebenen Fahrzeugs die Autobahn nicht bei der nächsten Ausfahrt verlassen oder mit einem außerhalb der Autobahn liegen gebliebenen Fahrzeug in die Autobahn eingefahren	20 €	

Nr.	Tatbestand	Regelsatz/ Fahrverbot	Punkte
68	Während des Abschleppens Warnblinklicht nicht eingeschaltet	5 €	
69	Kraftrad abgeschleppt	10 €	
Warnzeichen			
70	Missbräuchlich Schall- oder Leuchtzeichen gegeben und dadurch einen anderen belästigt oder Schallzeichen gegeben, die aus einer Folge verschieden hoher Töne bestehen	10 €	
71	Als Führer eines Omnibusses des Linienverkehrs oder eines gekennzeichneten Schulbusses Warnblinklicht bei Annäherung an eine Haltestelle oder für die Dauer des Ein- und Aussteigens der Fahrgäste entgegen der straßenverkehrsbehördlichen Anordnung nicht eingeschaltet	10 €	
72	Warnblinklicht missbräuchlich eingeschaltet	5 €	
Beleuchtung			
73	Vorgeschriebene Beleuchtungs- einrichtungen nicht oder nicht vorschriftsmäßig benutzt, obwohl die Sichtverhältnisse es erforderten, oder nicht rechtzeitig abgeblendet oder Beleuchtungseinrichtungen in verdecktem oder verschmutztem Zustand benutzt	10 €	
73.1	▪ mit Gefährdung	15 €	
73.2	▪ mit Sachbeschädigung	35 €	
74	Nur mit Standlicht oder auf einer Straße mit durchgehender, ausreichender Beleuchtung mit Fernlicht gefahren oder mit einem Kraftrad am Tage nicht mit Abblendlicht gefahren	10 €	
74.1	▪ mit Gefährdung	15 €	
74.2	▪ mit Sachbeschädigung	35 €	
75	Bei erheblicher Sichtbehinderung durch Nebel, Schneefall oder Regen innerhalb geschlossener Ortschaften am Tage nicht mit Abblendlicht gefahren	25 €	
75.1	▪ mit Sachbeschädigung	35 €	

Nr.	Tatbestand	Regelsatz/ Fahrverbot	Punkte
76	Bei erheblicher Sichtbehinderung durch Nebel, Schneefall oder Regen außerhalb geschlossener Ortschaften am Tage nicht mit Abblendlicht gefahren	40 €	3 P
77	Haltendes mehrspuriges Fahrzeug nicht oder nicht wie vorgeschrieben beleuchtet oder kenntlich gemacht	20 €	
77.1	▪ mit Sachbeschädigung	35 €	
Autobahnen und Kraftfahrstraßen			
78	Autobahn oder Kraftfahrstraße mit einem Fahrzeug benutzt, dessen durch die Bauart bestimmte Höchstgeschwindigkeit weniger als 60 km/h betrug oder dessen zulässige Höchstabmessungen zusammen mit der Ladung überschritten waren, soweit die Gesamthöhe nicht mehr als 4,20 m betrug	20 €	
79	Autobahn oder Kraftfahrstraße mit einem Fahrzeug benutzt, dessen Höhe zusammen mit der Ladung mehr als 4,20 m betrug	40 €	1 P
80	An dafür nicht vorgesehener Stelle eingefahren	25 €	
81	An dafür nicht vorgesehener Stelle eingefahren und dadurch einen anderen gefährdet	50 €	3 P
82	Beim Einfahren Vorfahrt auf der durchgehenden Fahrbahn nicht beachtet	50 €	3 P
83	Gewendet, rückwärts oder entgegen der Fahrtrichtung gefahren		
83.1	▪ in einer Ein- oder Ausfahrt	50 €	4 P
83.2	▪ auf der Nebenfahrbahn oder dem Seitenstreifen	100 €	4 P
83.3	▪ auf der durchgehenden Fahrbahn	150 € / 1 Monat	4 P
84	Auf einer Autobahn oder Kraftfahrstraße gehalten	30 €	
85	Auf einer Autobahn oder Kraftfahrstraße geparkt (§ 12 Abs. 2 StVO)	40 €	2 P

Nr.	Tatbestand	Regelsatz/ Fahrverbot	Punkte
86	Als Fußgänger Autobahn betreten oder Kraftfahrstraße an dafür nicht vorgesehener Stelle betreten	10 €	
87	An dafür nicht vorgesehener Stelle ausgefahren	25 €	
88	Seitenstreifen zum Zweck des schnelleren Vorwärtskommens benutzt	50 €	2 P
Bahnübergänge			
89	Mit einem Fahrzeug den Vorrang eines Schienenfahrzeugs nicht beachtet oder Bahnübergang unter Verstoß gegen die Wartepflicht nach § 19 Abs. 2 StVO überquert	50 €	3 P
90	Vor einem Bahnübergang Wartepflichten verletzt	10 €	
Öffentliche Verkehrsmittel und Schulbusse			
91	Nicht mit Schrittgeschwindigkeit gefahren (soweit nicht von Nummer 11 erfasst) an, an einer Haltestelle haltendem Omnibus des Linienverkehrs, haltender Straßenbahn oder haltendem gekennzeichneten Schulbus mit ein- oder aussteigenden Fahrgästen bei Vorbeifahrt rechts	15 €	
92	An, an einer Haltestelle (Zeichen 224) haltendem Omnibus des Linienverkehrs, haltender Straßenbahn oder haltendem gekennzeichneten Schulbus mit ein- oder aussteigenden Fahrgästen bei Vorbeifahrt rechts Schrittgeschwindigkeit oder ausreichenden Abstand nicht eingehalten oder, obwohl nötig, nicht angehalten und dadurch einen Fahrgast		
92.1	▪ behindert	40 €*	2 P *
92.2	▪ gefährdet	50 €**	2 P **

* Soweit sich nicht aus Nr. 11 ein höherer Regelsatz ergibt.

** Soweit sich nicht aus Nr. 11, auch i. V. m. Tabelle 4 ein höherer Regelsatz ergibt.

Nr.	Tatbestand	Regelsatz/ Fahrverbot	Punkte
93	Omnibus des Linienverkehrs oder gekennzeichneten Schulbus mit eingeschaltetem Warnblinklicht bei Annäherung an eine Haltestelle überholt	40 €	1 P
94	Nicht mit Schrittgeschwindigkeit gefahren (soweit nicht von Nummer 11 erfasst) an, an einer Haltestelle haltendem Omnibus des Linienverkehrs oder gekennzeichnetem Schulbus mit eingeschaltetem Warnblinklicht	15 €	
95	An einer Haltestelle (Zeichen 224) haltendem Omnibus des Linienverkehrs oder gekennzeichnetem Schulbus mit eingeschaltetem Warnblinklicht bei Vorbeifahrt Schrittgeschwindigkeit oder ausreichenden Abstand nicht eingehalten oder, obwohl nötig, nicht angehalten und dadurch einen Fahrgast		
95.1	▪ behindert	40 €*	2 P
95.2	▪ gefährdet	50 €**	2 P
96	Einem Omnibus des Linienverkehrs oder einem Schulbus das Abfahren von einer gekennzeichneten Haltestelle nicht ermöglicht	5 €	
96.1	▪ mit Gefährdung	20 €	
96.2	▪ mit Sachbeschädigung	30 €	
Personenbeförderung, Sicherungspflichten			
97	Gegen eine Vorschrift über die Mitnahme von Personen auf oder in Fahrzeugen verstoßen	5 €	
98	Als Kfz-Führer oder als anderer Verantwortlicher bei der Beförderung eines Kindes nicht für die vorschriftsmäßige Sicherung gesorgt (außer in KOM über 3,5 t zulässige Gesamtmasse)		
98.1	▪ bei einem Kind	30 €	

* Soweit sich nicht aus Nr. 11 ein höherer Regelsatz ergibt.

** Soweit sich nicht aus Nr. 11, auch i. V. m. Tabelle 4 ein höherer Regelsatz ergibt.

Nr.	Tatbestand	Regelsatz/ Fahrverbot	Punkte
98.2	▪ bei mehreren Kindern	35 €	
99	Als Kfz-Führer Kind ohne jede Sicherung befördert oder als anderer Verantwortlicher nicht für eine Sicherung eines Kindes in einem Kfz gesorgt (außer in KOM über 3,5 t zulässige Gesamtmasse) oder als Führer eines Kraftrades Kind befördert, obwohl es keinen Schutzhelm trug		
99.1	▪ bei einem Kind	40 €	1 P
99.2	▪ bei mehreren Kindern	50 €	1 P
100	Vorgeschriebenen Sicherheitsgurt während der Fahrt nicht angelegt	30 €	
101	Amtlich genehmigten Schutzhelm während der Fahrt nicht getragen	15 €	
Ladung			
102	Ladung oder Ladeeinrichtung nicht verkehrssicher verstaut oder gegen Herabfallen nicht besonders gesichert		
102.1	▪ bei Lastkraftwagen oder Kraftomnibussen	50 €	1 P
102.1.1	– mit Gefährdung	75 €	1 P
102.2	▪ bei anderen als in Nummer 102.1 genannten Kraftfahrzeugen	35 €	
102.2.1	– mit Gefährdung	50 €	1 P
103	Ladung oder Ladeeinrichtung gegen vermeidbaren Lärm nicht besonders gesichert	10 €	
104	Fahrzeug geführt, dessen Höhe zusammen mit der Ladung mehr als 4,20 m betrug	40 €	1 P
105	Fahrzeug geführt, das zusammen mit der Ladung eine der höchstzulässigen Abmessungen überschritt, soweit die Gesamthöhe nicht mehr als 4,20 m betrug, oder dessen Ladung unzulässig über das Fahrzeug hinausragte	20 €	
106	Vorgeschriebene Sicherungsmittel nicht oder nicht ordnungsgemäß angebracht	25 €	
Sonstige Pflichten des Fahrzeugführers			
107	Als Fahrzeugführer nicht dafür gesorgt, dass		

Nr.	Tatbestand	Regelsatz/ Fahrverbot	Punkte
107.1	▪ seine Sicht oder sein Gehör durch die Besetzung, Tiere, die Ladung, ein Gerät oder den Zustand des Fahrzeugs nicht beeinträchtigt war	10 €	
107.2	▪ das Fahrzeug, der Zug, die Ladung oder die Besetzung vorschriftsmäßig war oder die Verkehrssicherheit des Fahrzeugs durch die Ladung oder die Besetzung nicht litt	25 €	
107.3	▪ das vorgeschriebene Kennzeichen stets gut lesbar war	5 €	
107.4	▪ an einem Kraftfahrzeug, an dessen Anhänger oder an einem Fahrrad die vorgeschriebene Beleuchtungseinrichtung auch am Tage vorhanden oder betriebs- bereit war	10 €	
107.4.1	– mit Gefährdung	20 €	
107.4.2	– mit Sachbeschädigung	25 €	
108	Als Fahrzeugführer nicht dafür gesorgt, dass das Fahrzeug, der Zug, die Ladung oder die Besetzung vorschriftsmäßig war, wenn dadurch die Verkehrssicherheit wesentlich beeinträchtigt war oder die Verkehrssicherheit des Fahrzeugs durch die Ladung oder die Besetzung wesentlich litt	50 €	3 P
109	(weggefallen)		
109a	Als Kfz-Führer ein technisches Gerät betrieben oder betriebsbereit mitgeführt, das dafür bestimmt ist, Verkehrsüberwachungsmaßnahmen anzuzeigen oder zu stören	75 €	4 P
110	Fahrzeug oder Zug nicht auf dem kürzesten Weg aus dem Verkehr gezogen, obwohl unterwegs die Verkehrssicherheit wesentlich beeinträchtigende Mängel aufgetreten waren, die nicht alsbald beseitigt werden konnten	10 €	

Nr.	Tatbestand	Regelsatz/ Fahrverbot	Punkte
Fußgänger			
111	Trotz vorhandenen Gehwegs oder Seitenstreifens auf der Fahrbahn oder außerhalb geschlossener Ortschaften nicht am linken Fahrbahnrand gegangen	5 €	
112	Fahrbahn ohne Beachtung des Fahrzeugverkehrs oder nicht zügig auf dem kürzesten Weg quer zur Fahrtrichtung oder an nicht vorgesehener Stelle überschritten		
112.1	▪ mit Gefährdung	5 €	
112.2	▪ mit Sachbeschädigung	10 €	
Fußgängerüberweg			
113	An einem Fußgängerüberweg, den ein Bevorrechtigter erkennbar benutzen wollte, das Überqueren der Fahrbahn nicht ermöglicht oder nicht mit mäßiger Geschwindigkeit herangefahren oder an einem Fußgängerüberweg überholt	50 €	4 P
114	Bei stockendem Verkehr auf einen Fußgängerüberweg gefahren	5 €	
Übermäßige Straßenbenutzung			
115	Als Veranstalter erlaubnis- pflichtige Veranstaltung ohne Erlaubnis durchgeführt	40 €	1 P
116	Ohne Erlaubnis Fahrzeug oder Zug geführt, dessen Maße oder Gewichte die gesetzlich allgemein zugelassenen Grenzen tatsächlich überschritten oder dessen Bauart dem Führer kein ausreichendes Sichtfeld ließ	40 €	1 P
Umweltschutz			
117	Bei Benutzung eines Fahrzeug unnötigen Lärm oder vermeidbare Abgasbelästigungen verursacht	10 €	
118	Innerhalb einer geschlossenen Ortschaft unnütz hin- und hergefahren und dadurch einen anderen belästigt	20 €	
Sonntagsfahrverbot			
119	Verbotswidrig an einem Sonntag oder Feiertag gefahren	40 €	1 P

Nr.	Tatbestand	Regelsatz/ Fahrverbot	Punkte
120	Als Halter das verbotswidrige Fahren an einem Sonntag oder Feiertag angeordnet oder zugelassen	200 €	1 P
Verkehrshindernisse			
121	Straße beschmutzt oder benetzt, obwohl dadurch der Verkehr gefährdet oder erschwert werden konnte	10 €	
122	Verkehrswidrigen Zustand nicht oder nicht rechtzeitig beseitigt oder nicht ausreichend kenntlich gemacht	10 €	
123	Gegenstand auf eine Straße gebracht oder dort liegen gelassen, obwohl dadurch der Verkehr gefährdet oder erschwert werden konnte	40 €	1 P
124	Gefährliches Gerät nicht wirksam verkleidet	5 €	
Unfall			
125	Als Unfallbeteiligter den Verkehr nicht gesichert oder bei geringfügigem Schaden nicht unverzüglich beiseite gefahren	30 €	
125.1	▪ mit Sachbeschädigung	35 €	
126	Unfallspuren beseitigt, bevor die notwendigen Feststellungen getroffen worden waren	30 €	
Warnkleidung			
127	Bei Arbeiten außerhalb von Gehwegen oder Absperrungen auffällige Warnkleidung nicht getragen	5 €	
Zeichen und Weisungen der Polizeibeamten			
128	Weisung eines Polizeibeamten nicht befolgt	20 €	
129	Zeichen oder Haltgebot eines Polizeibeamten nicht befolgt	50 €	3 P
Wechsellichtzeichen, Dauerlichtzeichen und Grünpfeil			
130	Als Fußgänger rotes Wechsellichtzeichen nicht befolgt oder den Weg beim Überschreiten der Fahrbahn beim Wechsel von Grün auf Rot nicht zügig fortgesetzt	5 €	
130.1	▪ mit Gefährdung	5 €	

Nr.	Tatbestand	Regelsatz/ Fahrverbot	Punkte
130.2	▪ mit Sachbeschädigung	10 €	
131	Beim Rechtsabbiegen mit Grünpfeil		
131.1	▪ aus einem anderen als dem rechten Fahrstreifen abgebogen	15 €	
131.2	▪ den Fahrzeugverkehr der freigegebenen Verkehrsrichtungen, ausgenommen den Fahrradverkehr auf Radwegfurten, behindert	35 €	
132	Als Fahrzeugführer in anderen als den Fällen des Rechtsabbiegens mit Grünpfeil rotes Wechsellichtzeichen oder rotes Dauerlichtzeichen nicht befolgt	50 €	3 P
132.1	▪ mit Gefährdung oder Sachbeschädigung	125 €/ 1 Monat	4 P
132.2	▪ bei schon länger als 1 Sekunde andauernder Rotphase eines Wechsellichtzeichens	125 €/ 1 Monat	4 P
132.2.1	– mit Gefährdung oder Sachbeschädigung	200 €/ 1 Monat	4 P
133	Beim Rechtsabbiegen mit Grünpfeil		
133.1	▪ vor dem Rechtsabbiegen mit Grünpfeil nicht angehalten	50 €	3 P
133.2	▪ den Fahrzeugverkehr der freigegebenen Verkehrsrichtungen, ausgenommen den Fahrradverkehr auf Radwegfurten, gefährdet	60 €	3 P
133.3	▪ den Fußgängerverkehr oder den Fahrradverkehr auf Radwegfurten der freigegebenen Verkehrsrichtungen		
133.3.1	– behindert	60 €	3 P
133.3.2	– gefährdet	75 €	3 P
Blaues und gelbes Blinklicht			
134	Blaues Blinklicht zusammen mit dem Einsatzhorn oder allein oder gelbes Blinklicht missbräuchlich verwendet	20 €	
135	Einem Einsatzfahrzeug, das blaues Blinklicht zusammen mit dem Einsatzhorn verwendet hatte, nicht sofort freie Bahn geschaffen	20 €	

Nr.	Tatbestand	Regelsatz/ Fahrverbot	Punkte
Vorschriftzeichen			
136	Unbedingtes Haltgebot (Zeichen 206) nicht befolgt	10 €	
137	Bei verengter Fahrbahn (Zeichen 208) § 41 Abs. 2 Nr. 1 dem Gegenverkehr Vorrang nicht gewährt	5 €	
137.1	▪ mit Gefährdung	10 €	
137.2	▪ mit Sachbeschädigung	20 €	
138	Die durch Vorschriftzeichen (Zeichen 209, 211, 214, 222) vorgeschriebene Fahrtrichtung oder Vorbeifahrt nicht befolgt	10 €	
138.1	Die durch Zeichen 215 (Kreisverkehr) § 41 Abs. 2 oder Zeichen 220 (Einbahnstraße) vorgeschriebene Fahrtrichtung nicht befolgt	15 €	
138.2	▪ mit Sachbeschädigung	25 €	
139	Die durch Zeichen 215 (Kreisverkehr) oder Zeichen 220 (Einbahnstraße) vorgeschriebene Fahrtrichtung nicht befolgt		
139.1	▪ als Kfz-Führer	20 €	
139.2	▪ als Radfahrer	15 €	
139.2.1	– mit Behinderung	20 €	
139.2.2	– mit Gefährdung	25 €	
139.2.3	– mit Sachbeschädigung	30 €	
140	Als anderer Verkehrsteilnehmer vorschriftswidrig Radweg (Zeichen 237) oder einen sonstigen Sonderweg (Zeichen 238, 239, 240, 241) benutzt oder als anderer Fahrzeugführer Fahrradstraße (Zeichen 244) vorschriftswidrig benutzt	10 €	
141	Fußgängerbereich (Zeichen 239, 242, 243) benutzt oder ein Verkehrsverbot (Zeichen 250, 251, 253 bis 255, 260) nicht beachtet		
141.1	▪ mit Kraftfahrzeugen der in § 3 Abs. 3 Nr. 2 Buchstabe a oder b StVO genannten Art	20 €	
141.2	▪ mit anderen Kraftfahrzeugen	15 €	
141.3	▪ als Radfahrer	10 €	

Nr.	Tatbestand	Regelsatz/ Fahrverbot	Punkte
141.3.1	– mit Behinderung	15 €	
141.3.2	– mit Gefährdung	20 €	
141.3.3	– mit Sachbeschädigung	25 €	
142	Als Kfz-Führer Verkehrsverbot (Zeichen 262 bis 266) oder Verbot der Einfahrt (Zeichen 267) nicht beachtet	20 €	
143	Als Radfahrer Verbot der Einfahrt (Zeichen 267) nicht beachtet	15 €	
143.1	▪ mit Behinderung	20 €	
143.2	▪ mit Gefährdung	25 €	
143.3	▪ mit Sachbeschädigung	30 €	
144	In einem Fußgängerbereich, der durch Zeichen 239, 242, 243 oder 250 gesperrt war, geparkt (§ 12 Abs. 2 StVO)	30 €	
144.1	▪ mit Behinderung	35 €	
144.2	▪ länger als 3 Stunden	35 €	
145	Als Radfahrer oder Führer eines motorisierten Zweiradfahrzeugs auf einem gemeinsamen Rad- und Gehweg auf einen Fußgänger nicht Rücksicht genommen	10 €	
145.1	▪ mit Behinderung	15 €	
145.2	▪ mit Gefährdung	20 €	
145.3	▪ mit Sachbeschädigung	25 €	
146	Bei zugelassenem Fahrzeugverkehr in einem Fußgängerbereich (Zeichen 239, 242, 243) nicht mit Schrittgeschwindigkeit gefahren (soweit nicht von Nummer 11 erfasst)	15 €	
147	Als Nichtberechtigter Sonderfahrstreifen für Omnibusse des Linienverkehrs (Zeichen 245) oder für Taxen (Zeichen 245 mit Zusatzschild) benutzt	15 €	
147.1	▪ mit Behinderung	35 €	
148	Wendeverbot (Zeichen 272) nicht beachtet	20 €	
149	Vorgeschriebenen Mindestabstand (Zeichen 273) zu einem vorausfahrenden Fahrzeug unterschritten	10 €	

Nr.	Tatbestand	Regelsatz/ Fahrverbot	Punkte
150	Unbedingtes Haltgebot (Zeichen 206) nicht befolgt oder trotz Rotlicht nicht an der Haltelinie (Zeichen 294) gehalten und dadurch einen anderen gefährdet	50 €	3 P
151	Als Fahrzeugführer in einem Fußgängerbereich (Zeichen 239, 242, 243) einen Fußgänger gefährdet		
151.1	▪ bei zugelassenem Fahrzeugverkehr (Zeichen 239, 242 mit Zusatzschild)	40 €	1 P
151.2	▪ bei nicht zugelassenem Fahrzeugverkehr	50 €	1 P
152	Eine für kennzeichnungspflichtige Kraftfahrzeuge mit gefährlichen Gütern (Zeichen 261) oder für Kraftfahrzeuge mit wasser- gefährdender Ladung (Zeichen 269) gesperrte Straßen befahren	100 €	3 P
152.1	▪ bei Eintragung von bereits einer Entscheidung wegen Verstoßes gegen Zeichen 261 oder 269	250 € / 1 Monat	3 P
153	Kraftfahrzeug trotz Verkehrsverbots bei Smog oder zur Verminderung schädlicher Luftverunreinigungen (Zeichen 270) geführt	40 €	1 P
154	An der Haltelinie (Zeichen 294) nicht gehalten	10 €	
155	Fahrstreifenbegrenzung (Zeichen 295, 296) überquert oder überfahren oder durch Pfeile vorgeschriebener Fahrtrichtung (Zeichen 297) nicht gefolgt oder Sperrfläche (Zeichen 298) benutzt (außer Parken)	10 €	
155.1	▪ mit Sachbeschädigung	35 €	
155.2	▪ und dabei überholt	30 €	
155.3	▪ und dabei nach links abgebogen oder gewendet	30 €	
155.3.1	– mit Gefährdung	35 €	
156	Sperrfläche (Zeichen 298) zum Parken benutzt	25 €	

Nr.	Tatbestand	Regelsatz/ Fahrverbot	Punkte
Richtzeichen			
157	Als Fahrzeugführer in einem verkehrsberuhigten Bereich (Zeichen 325, 326)		
157.1	▪ Schrittgeschwindigkeit nicht eingehalten (soweit nicht von Nummer 11 erfasst)	15 €	
157.2	▪ Fußgänger behindert	15 €	
158	Als Fahrzeugführer in einem verkehrsberuhigten Bereich (Zeichen 325, 326) einen Fußgänger gefährdet	40 €	1 P
159	In einem verkehrsberuhigten Bereich (Zeichen 325, 326) außerhalb der zum Parken gekennzeichneten Flächen geparkt (§ 12 Abs. 2 StVO)	10 €	
159.1	▪ mit Behinderung	15 €	
159.2	▪ länger als 3 Stunden	20 €	
159.2.1	– mit Behinderung	30 €	
160	Auf dem linken von mehreren nach Zeichen 340 markierten Fahrstreifen auf einer Fahrbahn für beide Richtungen überholt	30 €	
161	Als Führer eines Lkw mit einem zulässigen Gesamtgewicht von mehr als 3,5 t oder eines Zuges von mehr als 7 m Länge den linken von mindestens 3 in einer Richtung verlaufenden Fahrstreifen außerhalb einer geschlossenen Ortschaft vorschriftswidrig benutzt	15 €	
161.1	▪ mit Behinderung	20 €	
162	Auf dem linken von mehreren nach Zeichen 340 markierten Fahrstreifen auf einer Fahrbahn für beide Richtungen überholt und dadurch einen anderen gefährdet	40 €	1 P
Verkehrseinrichtungen			
163	Durch Absperrgerät abgesperrte Straßenfläche befahren	5 €	

Nr.	Tatbestand	Regelsatz/ Fahrverbot	Punkte
Andere verkehrsrechtliche Anordnungen			
164	Einer den Verkehr verbietenden oder beschränkenden Anordnung, die öffentlich bekannt gemacht wurde, zuwidergehandelt	40 €	1 P
165	Mit Arbeiten begonnen, ohne zuvor Anordnungen eingeholt zu haben, diese Anordnungen nicht befolgt oder Lichtzeichenanlagen nicht bedient	75 €	1 P
Ausnahmegenehmigung und Erlaubnis			
166	Vollziehbare Auflage einer Ausnahmegenehmigung oder Erlaubnis nicht befolgt	40 €	1 P
167	Genehmigungs- oder Erlaubnis- bescheid nicht mitgeführt oder auf Verlangen nicht ausgehändigt	10 €	
b) Fahrerlaubnis-Verordnung			
Mitführen und Aushändigen von Führerscheinen und Bescheinigungen			
168	Führerschein oder Bescheinigung nicht mitgeführt oder auf Verlangen nicht ausgehändigt	10 €	
Einschränkung der Fahrerlaubnis			
169	Einer vollziehbaren Auflage nicht nachgekommen	25 €	
Ablieferung und Vorlage des Führerscheins			
170	Einer Pflicht zur Ablieferung oder zur Vorlage eines Führerscheins nicht oder nicht rechtzeitig nachgekommen	25 €	
Fahrerlaubnis zur Fahrgastbeförderung			
171	Ohne erforderliche Fahrerlaubnis zur Fahrgastbeförderung einen oder mehrere Fahrgäste in einem in § 48 Abs. 1 FeV genannten Fahrzeug befördert	75 €	3 P
172	Als Halter die Fahrgastbeförderung in einem in § 48 Abs. 1 FeV genannten Fahrzeug angeordnet oder zugelassen, obwohl der Fahrzeugführer die erforderliche Fahrerlaubnis zur Fahrgastbeförderung nicht besaß	75 €	3 P

Nr.	Tatbestand	Regelsatz/ Fahrverbot	Punkte
Ortskenntnisse bei Fahrgastbeförderung			
173	Als Halter die Fahrgastbeförderung in einem in § 48 Abs. 1 i.V.m. § 48 Abs. 4 Nr. 7 FeV genannten Fahrzeug angeordnet oder zugelassen, obwohl der Fahrzeugführer die erforderlichen Ortskenntnisse nicht nachgewiesen hat	35 €	
c) Straßenverkehrs-Zulassungs-Ordnung			
Mitführen und Aushändigen von Fahrzeugpapieren			
174	Fahrzeugschein, vorgeschriebene Urkunde oder sonstige Bescheinigung nicht mitgeführt oder auf Verlangen nicht ausgehändigt	10 €	
Betriebsverbot und -beschränkungen			
175	Als Halter oder Eigentümer einem Verbot, ein Fahrzeug in Betrieb zu setzen, zuwidergehandelt oder Beschränkung nicht beachtet	50 €	1 P
176	Betriebsverbot wegen Verstoßes gegen die Pflichten beim Erwerb des Fahrzeugs nicht beachtet	40 €	1 P
177	Betriebsverbot oder -beschränkung wegen Fehlens einer gültigen Prüfplakette oder Prüfmarke in Verbindung mit einem SP-Schild nicht beachtet	40 €	1 P
Zulassungspflicht			
178	Kraftfahrzeug oder Kraftfahrzeuganhänger ohne die erforderliche Zulassung oder Betriebserlaubnis oder außerhalb des auf dem Saisonkennzeichen angegebenen Betriebszeitraums oder nach dem auf dem Kurzzeitkennzeichen angegebenen Ablaufdatum auf einer öffentlichen Straße in Betrieb gesetzt	50 €	3 P
179	Fahrzeug außerhalb des auf dem Kennzeichen angegebenen Betriebszeitraums auf einer öffentlichen Straße abgestellt	40 €	3 P
Versicherungskennzeichen			
180	Einer Vorschrift über Versicherungskennzeichen an Fahrzeugen zuwidergehandelt	5 €	

Nr.	Tatbestand	Regelsatz/ Fahrverbot	Punkte
Amtliche oder rote Kennzeichen an Fahrzeugen, Kurzzeitkennzeichen			
181	Einer Vorschrift über amtliche oder rote Kennzeichen oder über Kurzzeitkennzeichen an Fahrzeugen zuwidergehandelt mit Ausnahme des Fehlens der vorgeschriebenen Kennzeichen	10 €	
Meldepflichten, Zurückziehen aus dem Verkehr			
182	Gegen die Meldepflicht bei Änderung der tatsächlichen Verhältnisse, gegen die Antrags- oder Anzeigepflicht bei Standortänderung, Veräußerung oder Erwerb des Fahrzeugs oder gegen die Anzeige- oder Vorlagepflicht bei Dauerstilllegung des Fahrzeugs oder gegen die Pflicht, das Kennzeichen entstempeln zu lassen, verstoßen oder Verwertungsnachweis nicht oder nicht vorschriftsmäßig vorgelegt oder abgegeben	15 €	
Prüfungs-, Probe-, Überführungsfahrten			
183	Gegen die Pflicht zur Verwendung von Fahrzeugscheinheften oder gegen Vorschriften über die Vornahme von Eintragungen in diese Hefte oder in die bei der Zuteilung von Kurzzeitkennzeichen ausgegebenen Scheine oder gegen Vorschriften über die Ablieferung von roten Kennzeichen oder Fahrzeugschein- heften verstoßen	10 €	
184	Gegen die Pflicht zum Führen, Aufbewahren oder Aushändigen von Aufzeichnungen über Prüfungs-, Probe- oder Überführungsfahrten verstoßen	25 €	
185	Kurzzeitkennzeichen an mehr als einem Fahrzeug verwendet	50 €	3 P
Untersuchung der Kraftfahrzeuge und Anhänger			
186	Als Halter Fahrzeug zur Hauptuntersuchung oder zur Sicherheitsprüfung nicht vorgeführt		

Nr.	Tatbestand	Regelsatz/ Fahrverbot	Punkte
186.1	▪ bei Fahrzeugen, die nach Nummer 2.1 der Anlage VIII zu § 29 StVZO in bestimmten Zeitabständen einer Sicherheitsprüfung zu unterziehen sind, wenn der Vorführtermin überschritten worden ist um		
186.1.1	– bis zu 2 Monate	15 €	
186.1.2	– mehr als 2 bis zu 4 Monate	25 €	
186.1.3	– mehr als 4 bis zu 8 Monate	40 €	1 P
186.1.4	– mehr als 8 Monate	75 €	2 P
186.2	▪ bei anderen als in Nummer 186.1 genannten Fahrzeugen, wenn der Vorführtermin überschritten worden ist, um		
186.2.1	– mehr als 2 bis zu 4 Monate	15 €	
186.2.2	– mehr als 4 bis zu 8 Monate	25 €	
186.2.3	– mehr als 8 Monate	40 €	2 P
187	Fahrzeug zur Nachprüfung der Mängelbeseitigung nicht rechtzeitig vorgeführt	15 €	
Vorstehende Außenkanten			
188	Kraftfahrzeug oder Fahrzeug- kombination in Betrieb genommen, obwohl Teile, die den Verkehr mehr als unvermeidbar gefährdeten, an dessen Umriss hervorragten	20 €	
Verantwortung für den Betrieb der Fahrzeuge			
189	Als Halter die Inbetriebnahme eines Kraftfahrzeugs oder Zuges angeordnet oder zugelassen, obwohl		
189.1	▪ der Führer zur selbständigen Leitung nicht geeignet war		
189.1.1	– bei Lastkraftwagen oder Kraftomnibussen	100 €	3 P
189.1.2	– bei anderen als in Nummer 189.1.1 genannten Kraftfahrzeugen	50 €	3 P

Nr.	Tatbestand	Regelsatz/ Fahrverbot	Punkte
189.2	▪ das Fahrzeug oder der Zug nicht vorschriftsmäßig war und dadurch die Verkehrssicherheit wesentlich beeinträchtigt war, insbesondere unter Verstoß gegen eine Vorschrift über Lenkeinrichtungen, Bremsen, Einrichtungen zur Verbindung von Fahrzeugen	50 €	
189.2.1	– bei Lastkraftwagen oder Kraftomnibussen	150 €	3 P
189.2.2	– bei anderen als in Nummer 189.2.1 genannten Kraftfahrzeugen	75 €	3 P
189.3	▪ die Verkehrssicherheit des Fahrzeugs oder des Zuges durch die Ladung oder Besetzung wesentlich litt		
189.3.1	– bei Lastkraftwagen oder Kraftomnibussen	150 €	3 P
189.3.2	– bei anderen als in Nummer 189.3.1 genannten Kraftfahrzeugen	75 €	3 P
Führung eines Fahrtenbuches			
190	Fahrtenbuch nicht ordnungsgemäß geführt, auf Verlangen nicht ausgehändigt oder nicht für die vorgeschriebene Dauer aufbewahrt	50 €	1 P
Überprüfung mitzuführender Gegenstände			
191	Mitzuführende Gegenstände auf Verlangen nicht vorgezeigt oder zur Prüfung nicht ausgehändigt	5 €	
Abmessungen von Fahrzeugen und Fahrzeugkombinationen			
192	Kraftfahrzeug, Anhänger oder Fahrzeugkombinationen in Betrieb genommen, obwohl die höchst- zulässige Breite, Höhe oder Länge überschritten war	50 €	1 P
193	Als Halter die Inbetriebnahme eines Kraftfahrzeugs, Anhängers oder einer Fahrzeugkombination angeordnet oder zugelassen, obwohl die höchstzulässige Breite, Höhe oder Länge überschritten war	75 €	1 P

Nr.	Tatbestand	Regelsatz/ Fahrverbot	Punkte
Unterfahrschutz			
194	Kraftfahrzeug, Anhänger oder Fahrzeug mit austauschbarem Ladungsträger ohne vorgeschriebenen Unterfahrschutz in Betrieb genommen	25 €	
Kurvenlaufeigenschaften			
195	Kraftfahrzeug oder Fahrzeugkombination in Betrieb genommen, obwohl die vorgeschriebenen Kurvenlaufeigenschaften nicht eingehalten waren	50 €	1 P
196	Als Halter die Inbetriebnahme eines Kraftfahrzeugs oder einer Fahrzeugkombination angeordnet oder zugelassen, obwohl die vorgeschriebenen Kurvenlaufeigenschaften nicht eingehalten waren	75 €	1 P
Schleppen von Fahrzeugen			
197	Fahrzeug unter Verstoß gegen eine Vorschrift über das Schleppen von Fahrzeugen in Betrieb genommen	25 €	
Achslast, Gesamtgewicht, Anhängelast hinter Kraftfahrzeugen			
198	Kraftfahrzeug, Anhänger oder Fahrzeugkombination in Betrieb genommen, obwohl die zulässige Achslast, das zulässige Gesamt- gewicht oder die zulässige Anhängelast hinter einem Kraftfahrzeug überschritten war		
198.1	▪ bei Kraftfahrzeugen mit einem zulässigen Gesamtgewicht über 7,5 t oder Kraftfahrzeugen mit Anhängern, deren zulässiges Gesamtgewicht 2 t übersteigt	Tab. 3/ Bst. a	
198.2	▪ bei anderen Kraftfahrzeugen bis 7,5 t zulässiges Gesamtgewicht	Tab. 3/ Bst. b	
199	Als Halter die Inbetriebnahme eines Kraftfahrzeugs, eines Anhängers oder einer Fahrzeugkombination angeordnet oder zugelassen, obwohl die zulässige Achslast, das zulässige Gesamtgewicht oder die zulässige Anhängelast hinter einem Kraftfahrzeug überschritten war		

Nr.	Tatbestand	Regelsatz/ Fahrverbot	Punkte
199.1	▪ bei Kraftfahrzeugen mit einem zulässigen Gesamtgewicht über 7,5 t oder Kraftfahrzeugen mit Anhängern, deren zulässiges Gesamtgewicht 2 t übersteigt	Tab. 3/ Bst. a	
199.2	▪ bei anderen Kraftfahrzeugen bis 7,5 t zulässiges Gesamtgewicht	Tab. 3/ Bst. b	
200	Gegen die Pflicht zur Feststellung der zugelassenen Achslasten oder Gesamtgewichte oder gegen Vorschriften über das Um- oder Entladen bei Überlastung verstoßen	50 €	1
Besetzung von Kraftomnibussen			
201	Kraftomnibus in Betrieb genommen und dabei mehr Personen oder Gepäck befördert, als im Fahrzeugschein Plätze eingetragen waren und die im Fahrzeug angeschriebenen Zahlen der Sitzplätze, Stehplätze und Stellplätze für Rollstühle sowie die Angaben für die Höchstmasse des Gepäcks ausgewiesen haben	50 €	1 P
202	Als Halter die Inbetriebnahme eines Kraftomnibusses angeordnet oder zugelassen, obwohl mehr Personen befördert wurden, als im Fahrzeugschein Plätze ausgewiesen waren	75 €	1 P
Kindersitze			
203	Kraftfahrzeug in Betrieb genommen unter Verstoß gegen		
203.1	▪ das Verbot der Anbringung von nach hinten gerichteten Kinderrückhalteeinrichtungen auf Beifahrerplätzen mit Airbag	25 €	
203.2	▪ die Pflicht zur Anbringung des Warnhinweises zur Verwendung von Kinderrückhalteeinrichtungen auf Beifahrerplätzen mit Airbag	5 €	

Nr.	Tatbestand	Regelsatz/ Fahrverbot	Punkte
Feuerlöscher in Kraftomnibussen			
204	Kraftomnibus unter Verstoß gegen eine Vorschrift über mitzuführende Feuerlöscher in Betrieb genommen	15 €	
205	Als Halter die Inbetriebnahme eines Kraftomnibusses unter Verstoß gegen eine Vorschrift über mitzuführende Feuerlöscher angeordnet oder zugelassen	20 €	
Erste-Hilfe-Material in Kraftfahrzeugen			
206	Unter Verstoß gegen eine Vorschrift über mitzuführendes Erste-Hilfe- Material		
206.1	▪ einen Kraftomnibus	15 €	
206.2	▪ ein anderes Kraftfahrzeug	5 €	
	in Betrieb genommen		
207	Als Halter die Inbetriebnahme unter Verstoß gegen eine Vorschrift über mitzuführendes Erste-Hilfe-Material		
207.1	▪ eines Kraftomnibusses	25 €	
207.2	▪ eines anderen Kraftfahrzeugs	10 €	
	angeordnet oder zugelassen		
Bereifung und Laufflächen			
208	Kraftfahrzeug oder Anhänger, die unzulässig mit Diagonal- und mit Radialreifen ausgerüstet waren, in Betrieb genommen	15 €	
209	Als Halter die Inbetriebnahme eines Kraftfahrzeugs oder Anhängers, die unzulässig mit Diagonal- und mit Radialreifen ausgerüstet waren, angeordnet oder zugelassen	30 €	
210	Mofa in Betrieb genommen, dessen Reifen keine ausreichenden Profilrillen oder Einschnitte oder keine ausreichende Profil- oder Einschnitttiefe besaß	25 €	
211	Als Halter die Inbetriebnahme eines Mofas angeordnet oder zugelassen, dessen Reifen keine ausreichenden Profilrillen oder Einschnitte oder keine ausreichende Profil- oder Einschnitttiefe besaß	35 €	

Nr.	Tatbestand	Regelsatz/ Fahrverbot	Punkte
212	Kraftfahrzeug (außer Mofa) oder Anhänger in Betrieb genommen, dessen Reifen keine ausreichenden Profilrillen oder Einschnitte oder keine ausreichende Profil- oder Einschnitttiefe besaß	50 €	3 P
213	Als Halter die Inbetriebnahme eines Kraftfahrzeugs (außer Mofa) oder Anhängers angeordnet oder zugelassen, dessen Reifen keine ausreichenden Profilrillen oder Einschnitte oder keine ausreichende Profil- oder Einschnitttiefe besaß	75 €	3 P
Sonstige Pflichten für den verkehrssicheren Zustand des Fahrzeugs			
214	Kraftfahrzeug in Betrieb genommen, das sich in einem Zustand befand, der die Verkehrssicherheit wesentlich beeinträchtigte, insbesondere unter Verstoß gegen eine Vorschrift über Lenkeinrichtungen, Bremsen, Einrichtungen zur Verbindung von Fahrzeugen		
214.1	▪ bei Lastkraftwagen oder Kraftomnibussen	100 €	3 P
214.2	▪ bei anderen als in Nummer 214.1 genannten Kraftfahrzeugen	50 €	3 P
Mitführen von Anhängern hinter Kraftrad oder Personenkraftwagen			
215	Kraftrad oder Personenkraftwagen unter Verstoß gegen eine Vorschrift über das Mitführen von Anhängern in Betrieb genommen	25 €	
Einrichtungen zur Verbindung von Fahrzeugen			
216	Abschleppstange oder Abschleppseil nicht ausreichend erkennbar gemacht	5 €	
Stützlast			
217	Kraftfahrzeug mit einem einachsigen Anhänger in Betrieb genommen, dessen zulässige Stützlast um mehr als 50% über- oder unterschritten wurde	40 €	1 P
Abgasuntersuchung			
218	Als Halter die Frist für die Abgasuntersuchung überschritten um mehr als		
218.1	▪ 2 bis zu 8 Monaten	15 €	

Nr.	Tatbestand	Regelsatz/ Fahrverbot	Punkte
218.2	▪ 8 Monate	40 €	1 P
Geräuschentwicklung und Schalldämpferanlage			
219	Kraftfahrzeug, dessen Schalldämpferanlage defekt war, in Betrieb genommen	20 €	
220	Weisung, den Schallpegel im Nahfeld feststellen zu lassen, nicht befolgt	10 €	
Lichttechnische Einrichtungen			
221	Kraftfahrzeug oder Anhänger in Betrieb genommen		
221.1	▪ unter Verstoß gegen eine allgemeine Vorschrift über lichttechnische Einrichtungen	5 €	
221.2	▪ unter Verstoß gegen das Verbot zum Anbringen anderer als vorgeschriebener oder für zulässig erklärter lichttechnischer Einrichtungen	20 €	
222	Kraftfahrzeug oder Anhänger in Betrieb genommen unter Verstoß gegen eine Vorschrift über		
222.1	▪ Scheinwerfer für Fern- oder Abblendlicht	15 €	
222.2	▪ Begrenzungsleuchten oder vordere Richtstrahler	15 €	
222.3	▪ seitliche Kenntlichmachung oder Umrissleuchten	15 €	
222.4	▪ zusätzliche Scheinwerfer oder Leuchten	15 €	
222.5	▪ Schluss-, Nebelschluss-, Bremsleuchten oder Rückstrahler	15 €	
222.6	▪ Warndreieck, Warnleuchte oder Warnblinkanlage	15 €	
222.7	▪ Ausrüstung oder Kenntlichmachung von Anbaugeräten oder Hubladebühnen	15 €	

Nr.	Tatbestand	Regelsatz/ Fahrverbot	Punkte
Geschwindigkeitsbegrenzer			
223	Kraftfahrzeug in Betrieb genommen, das nicht mit dem vorgeschriebenen Geschwindigkeitsbegrenzer ausgerüstet war, oder den Geschwindigkeitsbegrenzer auf unzulässige Geschwindigkeit eingestellt oder nicht benutzt, auch wenn es sich um ein ausländisches Kfz handelt	100 €	3 P
224	Als Halter die Inbetriebnahme eines Kraftfahrzeugs angeordnet oder zugelassen, das nicht mit dem vorgeschriebenen Geschwindigkeitsbegrenzer ausgerüstet war oder dessen Geschwindigkeitsbegrenzer auf eine unzulässige Geschwindigkeit eingestellt war oder nicht benutzt wurde	150 €	3 P
225	Als Halter den Geschwindigkeitsbegrenzer in den vorgeschriebenen Fällen nicht prüfen lassen, wenn seit fällig gewordener Prüfung		
225.1	▪ nicht mehr als ein Monat	25 €	
225.2	▪ mehr als ein Monat	40 €	2 P
	vergangen ist		
226	Bescheinigung über die Prüfung des Geschwindigkeitsbegrenzers nicht mitgeführt oder auf Verlangen nicht ausgehändigt	10 €	
Amtliches Kennzeichen			
227	Fahrzeug in Betrieb genommen, obwohl das vorgeschriebene amtliche oder rote Kennzeichen oder das Kurzzeitkennzeichen fehlte	40 €	1 P
228	Kennzeichen mit Glas, Folien oder ähnlichen Abdeckungen versehen	50 €	1 P
Einrichtungen an Fahrrädern			
229	Fahrrad unter Verstoß gegen eine Vorschrift über die Einrichtungen für Schallzeichen in Betrieb genommen	10 €	

Nr.	Tatbestand	Regelsatz/ Fahrverbot	Punkte
230	Fahrrad oder Fahrrad mit Beiwagen unter Verstoß gegen eine Vorschrift über Schlussleuchten oder Rückstrahler in Betrieb genommen	10 €	
Ausnahmen			
231	Urkunde über eine Ausnahmegenehmigung nicht mitgeführt oder auf Verlangen nicht ausgehändigt	10 €	
Auflagen bei Ausnahmegenehmigungen			
232	Als Fahrzeugführer, ohne Halter zu sein, einer vollziehbaren Auflage einer Ausnahmegenehmigung nicht nachgekommen	15 €	
233	Als Halter einer vollziehbaren Auflage einer Ausnahmegenehmigung nicht nachgekommen	50 €	1 P
d) Verordnung über Internationalen Kraftfahrzeugverkehr			
234	An einem ausländischen Kraftfahrzeug oder ausländischen Kraftfahrzeuganhänger das heimische Kennzeichen oder das Nationalitätszeichen unter Verstoß gegen eine Vorschrift über deren Anbringung geführt	10 €	
235	An einem ausländischen Kraftfahrzeug oder ausländischen Kraftfahrzeuganhänger das vorgeschriebene heimische Kennzeichen nicht geführt	40 €	1 P
236	An einem ausländischen Kraftfahrzeug oder ausländischen Kraftfahrzeuganhänger das Nationalitätszeichen nicht geführt	15 €	
237	Zulassungsschein, Führerschein oder die Übersetzung des ausländischen Zulassungsscheins oder Führerscheins nicht mitgeführt oder auf Verlangen nicht ausgehändigt	10 €	
238	Einer vollziehbaren Auflage nicht nachgekommen	25 €	

Nr.	Tatbestand	Regelsatz/ Fahrverbot	Punkte
e) Ferienreise-Verordnung			
239	Kraftfahrzeug trotz eines Verkehrsverbots innerhalb der Verbotszeiten länger als 15 Minuten geführt	40 €	1 P
240	Als Halter das Führen eines Kraftfahrzeugs trotz eines Verkehrsverbots innerhalb der Verbotszeiten länger als 15 Minuten zugelassen	100 €	1 P
B. Zuwiderhandlungen gegen § 24a StVG			
0,5-Promille-Grenze			
241	Kraftfahrzeug geführt mit einer Atemalkoholkonzentration von 0,25 mg/l oder mehr oder mit einer Blutalkoholkonzentration von 0,5 Promille oder mehr oder mit einer Alkoholmenge im Körper, die zu einer solchen Atem- oder Blutalkoholkonzentration führt	250 € / 1 Monat	4 P
241.1	▪ bei Eintragung von bereits einer Entscheidung nach § 24a StVG, § 316 oder § 315c Abs. 1 Nr. 1 Buchstabe a StGB im Verkehrszentralregister	500 € / 3 Monate	4 P
241.2	▪ bei Eintragung von bereits mehreren Entscheidungen nach § 24a StVG, § 316 oder § 315c Abs. 1 Nr. 1 Buchstabe a StGB im Verkehrszentralregister	750 € / 3 Monate	4 P
Berauschende Mittel			
242	Kraftfahrzeug unter Wirkung eines in der Anlage zu § 24a Abs. 2 StVG genannten berauschenden Mittels geführt	250 € / 1 Monat	4 P
242.1	▪ bei Eintragung von bereits einer Entscheidung nach § 24a StVG, § 316 oder § 315c Abs. 1 Nr. 1 Buchstabe a StGB im Verkehrszentralregister	500 € / 3 Monate	4 P
242.2	▪ bei Eintragung von bereits mehreren Entscheidungen nach § 24a StVG, § 316 oder § 315c Abs. 1 Nr. 1 Buchstabe a StGB im Verkehrszentralregister	750 € / 3 Monate	4 P

Tabelle 1: Geschwindigkeitsüberschreitungen

a) Kraftfahrzeuge der in § 3 Abs. 3 Nr. 2 Buchstabe a oder b StVO genannten Art (**z.B. Lkw, Kfz über 3,5 t, Busse, Pkw mit Anhänger**)

Nr.	Überschreitung in km/h	innerhalb geschlossener Ortschaften*	außerhalb geschlossener Ortschaften*
		Regelsatz	Regelsatz
11.1.1	bis 10	20 €	15 €
11.1.2	11 - 15	30 €	20 €

Die nachfolgenden Regelsätze und Fahrverbote gelten auch für die Überschreitung der festgesetzten Höchstgeschwindigkeit bei Sichtweite unter 50 m durch Nebel, Schneefall oder Regen nach Nr. 9.1. des Bußgeldkatalogs (siehe Seite 80)

Nr.	Überschreitung in km/h	innerhalb geschlossener Ortschaften			außerhalb geschlossener Ortschaften		
		Regelsatz	Punkte	Fahrverbot	Regelsatz	Punkte	Fahrverbot
11.1.3	bis 15**	50 €	1 P		40 €	1 P	
11.1.4	16 – 20	50 €	1 P		40 €	1 P	
11.1.5	21 – 25	60 €	1 P		50 €	1 P	
11.1.6	26 – 30	90 €	3 P	1 Monat	60 €	3 P	
11.1.7	31 – 40	125 €	3 P	1 Monat	100 €	3 P	1 Monat
11.1.8	41 – 50	175 €	4 P	2 Monate	150 €	3 P	1 Monat
11.1.9	51 – 60	300 €	4 P	3 Monate	275 €	4 P	2 Monate
11.1.10	über 60	425 €	4 P	3 Monate	375 €	4 P	3 Monate

* außer bei Überschreitung für mehr als 5 Minuten Dauer oder in mehr als zwei Fällen nach Fahrtantritt.

** für mehr als 5 Minuten Dauer oder in mehr als zwei Fällen nach Fahrtantritt.

b) kennzeichnungspflichtige Kraftfahrzeuge der in Buchstabe a genannten Art mit gefährlichen Gütern oder Kraftomnibusse mit Fahrgästen			
Nr.	Überschreitung in km/h	innerhalb geschlossener Ortschaften* Regelsatz / Punkte	außerhalb geschlossener Ortschaften * Regelsatz
11.2.1	bis 10	35 €	30 €
11.2.2 *	11 - 15	40 € / 1 P	35 €

Die nachfolgenden Regelsätze und Fahrverbote gelten auch für die Überschreitung der festgesetzten Höchstgeschwindigkeit bei Sichtweite unter 50 m durch Nebel, Schneefall oder Regen nach Nr. 9.2. des Bußgeldkatalogs (siehe Seite 80)

Nr.	Überschreitung in km/h	innerhalb geschlossener Ortschaften			außerhalb geschlossener Ortschaften		
		Regelsatz	Punkte	Fahrverbot	Regelsatz	Punkte	Fahrverbot
11.2.3	bis 15**	100 €	1 P		75 €	1 P	
11.2.4	16 – 20	100 €	1 P		75 €	1 P	
11.2.5	21 – 25	125 €	2 P	1 Monat	100 €	2 P	
11.2.6	26 – 30	175 €	3 P	1 Monat	150 €	3 P	1 Monat
11.2.7	31 – 40	225 €	3 P	2 Monate	200 €	3 P	1 Monat
11.2.8	41 – 50	300 €	4 P	3 Monate	250 €	4 P	2 Monate
11.2.9	51 – 60	375 €	4 P	3 Monate	350 €	4 P	3 Monate
11.2.10	über 60	475 €	4 P	3 Monate	425 €	4 P	3 Monate

* außer bei Überschreitung für mehr als 5 Minuten Dauer oder in mehr als zwei Fällen nach Fahrtantritt.

** für mehr als 5 Minuten Dauer oder in mehr als zwei Fällen nach Fahrtantritt

c) andere als die in Buchstabe a oder b genannten Kraftfahrzeuge **(z. B. Pkw, Motarrad)**			
Nr.	Über-schreitung in km/h	innerhalb geschlossener Ortschaften Regelsatz	außerhalb geschlossener Ortschaften Regelsatz
11.3.1	bis 10	15 €	10 €
11.3.2	11 - 15	25 €	20 €
11.3.3	16 – 20	35 €	30 €

Die nachfolgenden Regelsätze und Fahrverbote gelten auch für die Überschreitung der festgesetzten Höchstgeschwindigkeit bei Sichtweite unter 50 m durch Nebel, Schneefall oder Regen nach Nr. 9.3. des Bußgeldkatalogs (siehe Seite 80)

Nr.	Über-schreitung in km/h	innerhalb geschlossener Ortschaften			außerhalb geschlossener Ortschaften		
		Regel-satz	Punkte	Fahrverbot	Regel-satz	Punkte	Fahrverbot
11.3.5	21 – 25	50 €	1 P		40 €	1 P	
11.3.6	26 – 30	60 €	3 P		50 €	3 P	
11.3.7	31 – 40	100 €	3 P	1 Monat	75 €	3 P	
11.3.8	41 – 50	125 €	4 P	1 Monat	100 €	3 P	1 Monat
11.3.9	51 – 60	175 €	4 P	2 Monate	150 €	4 P	1 Monat
11.3.9	61 – 70	300 €	4 P	3 Monate	275 €	4 P	2 Monate
11.3.10	über 70	425 €	4 P	3 Monate	375 €	4 P	3 Monate

Tabelle 2: Nichteinhalten des Abstandes von einem vorausfahrenden Fahrzeug

Nr.		Regelsatz	Punkte	Fahrverbot
	Der Abstand von einem voraus fahrenden Fahrzeug betrug in Metern			
12.5	**a) bei einer Geschwindigkeit von mehr als 80 km/h**			
12.5.1	▪ weniger als 5/10 des halben Tachowertes	40 €	1 P	
12.5.2	▪ weniger als 4/10 des halben Tachowertes	50 €	2 P	
12.5.3	▪ weniger als 3/10 des halben Tachowertes	75 €	3 P	
12.5.4	▪ weniger als 2/10 des halben Tachowertes	100 €	4 P	1 Monat*
12.5.5	▪ weniger als 1/10 des halben Tachowertes	125 €	4 P	1 Monat*
12.6	**b) bei einer Geschwindigkeit von mehr als 130 km/h**			
12.6.1	▪ weniger als 5/10 des halben Tachowertes	50 €	2 P	
12.6.2	▪ weniger als 4/10 des halben Tachowertes	75 €	3 P	
12.6.3	▪ weniger als 3/10 des halben Tachowertes	100 €	4 P	
12.6.4	▪ weniger als 2/10 des halben Tachowertes	125 €	4 P	1 Monat
12.6.5	▪ weniger als 1/10 des halben Tachowertes	150 €	4 P	1 Monat

* Soweit die Geschwindigkeit mehr als 100 km/h beträgt.

Tabelle 3: Überschreiten der zulässigen Achslast oder des zulässigen Gesamtgewichts von Kraftfahrzeugen, Anhängern, Fahrzeugkombinationen sowie der Anhängelast hinter Kraftfahrzeugen

a) bei Kraftfahrzeugen mit einem zulässigen Gesamtgewicht über 7,5 t sowie Kraftfahrzeugen mit Anhängern, deren zulässiges Gesamtgewicht 2 t übersteigt.			
Nr.	Überschreitung in v. H.	Regelsatz	Punkte
198.1	für Inbetriebnahme		
198.1.1	2 bis 5	30 €	-
198.1.2	mehr als 5	50 €	1 P
198.1.3	mehr als 10	60 €	1 P
198.1.4	mehr als 15	75 €	1 P
198.1.5	mehr als 20	100 €	3 P
198.1.6	mehr als 25	150 €	3 P
198.1.7	mehr als 30	200 €	3 P
199.1	für Anordnen oder Zulassen der Inbetriebnahme		
199.1.1	2 bis 5	35 €	-
199.1.2	mehr als 5	75 €	1 P
199.1.3	mehr als 10	125 €	3 P
199.1.4	mehr als 15	150 €	3 P
199.1.5	mehr als 20	200 €	3 P
199.1.6	mehr als 25	225 €	3 P
b) bei andere Kraftfahrzeugen bis 7,5 t für Inbetriebnahme, Anordnen oder Zulassen der Inbetriebnahme			
Nr.	Überschreitung in v. H.	Regelsatz	Punkte
198.2.1 oder 199.2.1	mehr als 5 bis 10	10 €	-
198.2.2 oder 199.2.2	mehr als 10 bis 15	30 €	-
198.2.3 oder 199.2.3	mehr als 15 bis 20	35 €	-
198.2.4 oder 199.2.4	mehr als 20	50 €	3 P
198.2.5 oder 199.2.5	mehr als 25	75 €	3 P
198.2.6 oder 199.2.6	mehr als 30	125 €	3 P

Tabelle 4: Erhöhung der Regelsätze bei Hinzutreten einer Gefährdung oder Sachbeschädigung

Die im Bußgeldkatalog bestimmten Regelsätze, die einen Betrag von mehr als 35 € vorsehen, erhöhen sich beim Hinzutreten einer Gefährdung oder Sachbeschädigung, soweit diese Merkmale nicht bereits im Grundtatbestand enthalten sind, wie folgt:

Bei einem Regelsatz für den Grundtatbestand von	mit Gefährdung auf	mit Sachbeschädigung auf
40 €	50 €	60 €
50 €	60 €	75 €
60 €	75 €	90 €
75 €	100 €	125 €
90 €	110 €	135 €
100 €	125 €	150 €
125 €	150 €	175 €
150 €	175 €	225 €
175 €	200 €	275 €
200 €	225 €	325 €
225 €	250 €	375 €
250 €	275 €	425 €
275 €	300 €	475 €
300 €	325 €	475 €
325 €	350 €	475 €
350 €	400 €	475 €
375 bis 450 €	475 €	475 €

Enthält der Grundtatbestand bereits eine Gefährdung, führt Sachbeschädigung zu folgender Erhöhung:

Bei einem Regelsatz für den Grundtatbestand von	mit Sachbeschädigung auf
40 €	50 €
50 €	60 €
60 €	75 €
75 €	100 €

Der Punktekatalog für Verkehrsstraftaten

Tatbestand	Pkte.
Unerlaubtes Entfernen vom Unfallort (§ 142 StGB) mit Ausnahme des Absehens von Strafe und der Milderung von Strafen in den Fällen des § 142 Abs. 4 StGB	7
Straßenverkehrsgefährdung durch Führen eines Fahrzeugs bei Fahrunsicherheit als Folge von	
▪ Alkoholgenuss	7
▪ Genuss anderer berauschender Mittel	7
▪ geistigen und körperlichen Mängeln	7
Straßenverkehrsgefährdung durch grob verkehrswidrige(s) und rücksichtlose(s)	
▪ Vorfahrtsmissachtung	7
▪ Fehlverhalten beim Überholen	7
▪ Fehlverhalten an Fußgängerüberwegen	7
▪ zu schnelles Fahren	7
▪ Missachtung des Rechtsfahrgebots	7
▪ Wenden, Rückwärtsfahren, Fahren entgegen der Fahrtrichtung oder versuchtes Wenden, Rückwärtsfahren, Fahren entgegen der Fahrtrichtung auf Autobahnen oder Kraftfahrstraßen	7
▪ Nichtkenntlichmachung haltender oder liegengebliebener Fahrzeuge	7
Führen eines Fahrzeugs bei Fahrunsicherheit als Folge von	
▪ Alkoholgenuss	7
▪ Genuss anderer berauschender Mittel	7
▪ Vollrausch	7
Führen oder Anordnen oder Zulassen des Führen eines Kraftfahrzeugs	
▪ ohne Fahrerlaubnis	6
▪ trotz Fahrverbots oder trotz Verwahrung, Sicherstellung oder Beschlagnahmung des Führerscheins	6
Kennzeichenmissbrauch	6
Gebrauch oder Gestatten des Gebrauchs unversicherter Kraftfahrzeuge oder Anhänger	6
Unbefugter Gebrauch von Kraftfahrzeugen	5
Nötigung	5
Tötung	5
Körperverletzung	5
Gefährliche Eingriffe im Straßenverkehr	5
Unterlassene Hilfeleistung	5
Unerlaubtes Entfernen vom Unfallort, sofern das Gericht die Strafe in den Fällen des § 142 Abs. 4 StGB gemildert oder von der Strafe abgesehen hat	5
Alle anderen Straftaten	5

Anhang: Muster

Einspruchsschreiben gegen einen Bußgeldbescheid

An die Bußgeldstelle
12345 Musterstadt
vorab per Telefax 123 45 67

Bodo Blitz
Schlossallee 1
12345 Musterstadt

Musterstadt, den 01.04.2004

Aktenzeichen: 08-15

Sehr geehrte Damen und Herren,
hiermit lege ich gegen den Bußgeldbescheid vom 26.03.2004 – zugestellt am 29.03.2004 – Einspruch ein.

Mit freundlichen Grüßen
Bodo Blitz

Einspruchsrücknahme

An die Bußgeldstelle
12345 Musterstadt
(oder an das Amtsgericht
12345 Musterstadt)

Bodo Blitz
Schlossallee 1
12345 Musterstadt

Musterstadt, den 01.07.2004

Aktenzeichen: 1 OWi 47 Js 11/04

Sehr geehrte Damen und Herren,

hiermit nehme ich meinen Einspruch gegen den Bußgeldbescheid vom 26.03.2004 zurück.

(Soweit schon bekannt:) Ich bitte, den Gerichtstermin vom 15.07.2004 wieder aufzuheben.

Mit freundlichen Grüßen
Bodo Blitz

Punkteanfrage beim Kraftfahrt-Bundesamt

An das Kraftfahrt-Bundesamt
24932 Flensburg

Bodo Blitz
Schlossallee 1
12345 Musterstadt

Musterstadt, den 01.04.2004

Auskunft aus dem Verkehrszentralregister für Bodo Blitz, geb. Blitz, geb. 01.01.1960 in Musterstadt, wohnhaft Schloßallee 1, 12345 Musterstadt

Sehr geehrte Damen und Herren,

ich bitte um eine kostenfreie Auskunft über die Eintragungen in meinem Verkehrszentralregister.

Eine Kopie der Vorder- und Rückseite meines Personalausweises/Reispasses lege ich bei.

Mit freundlichen Grüßen
Bodo Blitz

Stichwortverzeichnis für den Katalogteil

angegeben sind jeweils die Nr. und die Seitenzahl(en) im Bußgeldkatalog

Stichwortverzeichnis für den Textteil